学校精神保健の基礎

関西福祉科学大学 教授
藤岡 弘季

清風堂書店

はじめに ——————————————————————— 8

第1部　学校精神保健の基礎　総論　9

第1章　学校精神保健とは ——————————————— 10

1　学校精神保健とは …… 10
2　学校精神保健の機能 …… 11
3　精神疾患の分類 …… 11
4　伝統的な診断分類 …… 12
5　児童・生徒の不適応、問題行動 …… 12
6　心理検査 …… 13
7　知能とは何か …… 14
8　その他の知能検査・発達検査 …… 14
9　心理療法 …… 15

第2章　子どもの精神発達について ———————————— 18

1　胎児期～乳幼児期 …… 18
2　愛着理論と愛着障害 …… 19
3　愛着障害に対する包括ケア …… 20
4　産後うつ病 …… 21
5　幼児期 …… 21
6　学童期（小学校低学年）…… 22
7　学童期（小学校高学年）…… 22
8　青年前期（中学校）…… 23
9　青年中期～後期（高等学校～大学等）…… 23
10　発達論的な視点 …… 23

CONTENTS

第2部　学校精神保健の基礎　各論　25

第3章　発達障害（神経発達症） ─────── 26

1. 発達障害とは …… 26
2. 発達障害者支援法（平成16年）…… 26
3. 知的発達症 …… 27
4. 自閉スペクトラム症
　（ASD；Autism Spectrum Disorder）…… 28
5. 注意欠如・多動症（ADHD；Attention Deficit/Hyperactivity Disorder）…… 30
6. 学習障害（LD；Learning Disability）…… 33
7. チック・トゥレット症候群（Tic disorders）…… 34
8. 発達性協調運動障害
　（DCD；Developmental Coordination Disorder）…… 35

第4章　心的外傷およびストレス因関連障害群 ─── 36

1. 心的外傷後ストレス障害
　（PTSD；Post Traumatic Stress Disorder）…… 36
2. 小児のPTSDについて …… 36
3. PTSDの治療 …… 37

第5章　食行動の異常 ─────────────── 39

1. 神経性やせ症（AN；Anorexia Nervosa）…… 39
2. 神経性過食症（BN；Bulimia Nervosa）…… 40
3. 異食症・反芻症（pica/rumination disorder）…… 41

第6章　排泄症 —————————— 42

1. 遺尿症（enuresis）…… 42
2. 遺糞症（encopresis）…… 42

第7章　統合失調症とうつ病 —————————— 44

1. 統合失調症（Schizophrenia）…… 44
2. 児童青年期の統合失調症 …… 45
3. 統合失調症の治療 …… 45
4. 抑うつ障害（depressive disorders）…… 45
5. 子どものうつ病 …… 46
6. その他のうつ病 …… 47
7. うつ病の治療 …… 47
8. 双極性障害 …… 49

第8章　不安症群 —————————— 50

1. 不安と不安症（anxiety disorder）…… 50
2. パニック症（panic disorder）…… 51
3. 選択性緘黙（selective mutism）…… 51
4. 強迫症
   （OCD；Obsessive-Compulsive Disorder）…… 52
5. 強迫症の治療 …… 53

第9章　睡眠障害 —————————— 54

1. 子どもと睡眠 …… 54
2. ナルコレプシー …… 54

3　反復性過眠症 …… 55
　　　4　睡眠時無呼吸症候群 …… 55
　　　5　むずむず脚症候群
　　　　　（RLS；Restless Legs Syndrome）…… 55
　　　6　概日リズム睡眠障害 …… 55
　　　7　夜驚症（night terror）…… 56
　　　8　睡眠時遊行症 …… 56
　　　9　悪夢障害（nightmare disorder）…… 56

第10章　心身症 ───────────────────── 57
　　　1　心身症とは …… 57

第11章　てんかん ──────────────────── 59
　　　1　てんかんとは …… 59
　　　2　てんかんの分類 …… 59
　　　3　てんかん発作の分類 …… 59
　　　4　検　査 …… 60
　　　5　合併症 …… 61
　　　6　治　療 …… 61

第12章　虐　待 ───────────────────── 62
　　　1　児童虐待（child abuse）…… 62
　　　2　児童虐待防止法（平成12年；抜粋）…… 62
　　　3　身体的虐待 …… 63
　　　4　体罰はしつけ？　虐待？ …… 64

5　心理的虐待 …… 64
　　6　ネグレクト …… 64
　　7　性的虐待 …… 65
　　8　虐待の連鎖 …… 65
　　9　虐待を防ぐには ── 子育ての困難化 …… 66

第13章　不登校、自傷、自殺、インターネット依存 ── 69
　　1　不登校 …… 69
　　2　中一ギャップ？ …… 70
　　3　いじめ・不登校と発達障害 …… 70
　　4　保健室登校 …… 71
　　5　非自殺的な自傷行為 …… 72
　　6　自殺企図・自殺 …… 72
　　7　インターネット依存 …… 72

第14章　酒、タバコ、薬物 ── 74
　　1　飲酒・喫煙について …… 74
　　2　違法薬物について …… 74
　　3　ダメ、ゼッタイ …… 75
　　4　薬物中毒への対応 …… 75

第3部　教育制度・教育相談その他　77

第15章　インクルーシブ教育 ── 78

    1　障害者の権利に関する条約（国連；2008）…… 78
    2　インクルーシブ教育システムと合理的配慮 …… 78
    3　障害を理由とする差別の解消の推進に関する法律
       （平成25年；抜粋）…… 79
    4　特別支援教育 …… 80

第16章　健康相談 ── 82

    1　健康相談とは …… 82
    2　健康相談の根拠 …… 82
    3　健康相談の対象 …… 83
    4　相談に当たっての基本事項 …… 83
    5　相談時間 …… 84
    6　保護者からの相談 …… 85
    7　チームによる支援 …… 85

第17章　教職員のメンタルヘルス ── 87

    1　教職員の休職者数と精神疾患 …… 87
    2　メンタルヘルスケアのための予防的対策 …… 87
    3　病気休暇取得以後 …… 88
    4　復職プログラムの実施前における対応 …… 89
    5　復職プログラムの実施と復職にむけて …… 89

はじめに

　本書は養護教諭を目指す学生がはじめて学校精神保健の分野に触れるときにとまどわずに学習できることを目的として編纂した。そのため、なるべく難しい言葉は使わず、講義ノートをもとに初歩的な事項から説明しようと試みた。

　その試みが成功しているかどうかはわからないが、学生諸君が積極的な勉学をはじめるに当たっての一助となることを願う。

第1部
学校精神保健の基礎
総論

第1章　学校精神保健とは

1　学校精神保健とは

　子どもは小さな大人ではない。子どもは成長し、発育する存在である。成長し、発育するということは未だに成熟していない部分が成熟してゆくという作業を続けているということである。つまり、子どもには未熟な部分が存在する。未熟な部分がなくなると人は成熟し、大人になったといえるわけである。また、別の視点から見ると、人間とは社会的な動物である。誰も一人で生きることはできず、社会の中で一定の役割を担って存在している。未熟な子どもたちに一定の訓練を施し、社会の中で生きてゆく技能を施す場所を学校という。つまり、学校とは子供を教育する場である。学校において、子どもたちは様々な技能を習得するとともに、学校という保護された領域内で人間関係を形成し、成熟に向かってゆく。

　しかしながら大人だけではなく子どもたちにも様々な人生の試練が襲いかかる。大人と違い、未熟な子どもたちには肉体だけではなく精神に対しても様々な影響を及ぼすことになる。特に近年は高度化した社会や発展した科学技術の利便性とは裏腹により深刻な問題が起きつつある。試練をうまくかわせなかった多くの子どもたちが精神面の不適応に悩むことになっている。つまり精神保健とは人と社会や環境との接点における精神面での不適応についての対応である。学校精神保健とは、学校において精神面での不適応にいかに対応するかということになる。

第1部　学校精神保健の基礎　総論

2　学校精神保健の機能

　WHO憲章によると、「健康とは身体的、精神的、社会的にも完全に良好な状態であり、単に疾患あるいは病弱が存在しないことではない」(1948)と定義されている。このことより、健康増進の概念が広まり、予防の3段階が提唱された。すなわち
　　一次予防：健康増進と発病予防
　　二次予防：疾病の早期発見と早期治療
　　三次予防：再発予防、疾病の悪化の予防、リハビリテーション
である。
　この予防の3段階を学校精神保健に当てはめると以下のようになる。
1）**開発的機能**：学校内外での啓発活動などを行い、精神面での不健康を作らないための素地をつくること。
2）**予防的機能**：精神的な不健康を早期発見するために教師のカウンセリングマインドを育て、保健室・教育相談関連活動の積極的な利用を図ること。
3）**治療的機能**：精神的な不健康状態に陥った児童・生徒の回復を援助すること。

3　精神疾患の分類

　精神疾患の分類や診断にはWHOが作成したICD分類とアメリカ精神医学会が作成したDSM分類が主に用いられる。現在使用されているものは、ICD-10（2003）とDSM-5（2013）である。

4　伝統的な診断分類

心身二元論による分類

　脳実質を身、脳の働き（心理メカニズム）を心と分類し、そのいずれに病因（病気の原因）があるかで分類する方法のことを心身二元論という。すなわち、前者は外因性精神障害と呼ばれ、物質的生物的な負荷が原因となって発症するもの、後者は心因性精神障害と呼ばれ、心理的社会的な負荷（環境因性）が原因となって発症するものとに分類される。

内因性精神障害

　統合失調症と躁うつ病は心身二元論では説明ができなかった。そのため「内因」という概念が導入され、内因性精神障害という分類が創設された。内因とはその病気にかかりやすい素質である。内因を持つ人は持たない人に比べてある条件下でその疾患を発症しやすくなる。

　その結果、三分類が出来上がったが、精神疾患には病因、病理が明確ではないもの（特に心因性、内因性では病因は不明である）があり、診断に微妙なズレが出ることになった。これを解決するために「操作的診断分類」が考案された。これは疾患の特徴を複数の症状で示し、診断基準を満たすものを一つの症候群として診断するという方法である。

5　児童・生徒の不適応、問題行動

問題行動とは：親・家族や教師、仲間が迷惑を被るような行動のこと。また、法に触れ、当局が統制の対象とする行動のこと。本人が悩み、困惑している行動のこと。

第1部 学校精神保健の基礎 総論

狭義では社会に迷惑をかける行為、すなわち、反社会的行為のこと。

不適応とは：家出、自殺、学級内での人間関係の問題、登校拒否（不登校）など。

いじめの問題も近年クローズアップされている。

その他、暴力行為、非行、薬物乱用、少年犯罪、性的逸脱行為も問題行動に含まれる。

6 心理検査

心理検査とは様々な手法を用いて性格や知能といった心理的概念を判定する方法である。

心理検査の測定、診断、アセスメント

測定とは検査を行うことによって性格や知能といった心理的概念を知ることであり、診断とはその結果を用いて医学的に病名を決定することである。アセスメントとはこの二つを総合したものである。

心理検査の測定には信頼性と妥当性という評価軸がある。信頼性（Reliability）とは測定において測定誤差がそれだけ少ないかということであり、妥当性（Validity）とは知りたいものを確実に測定できているかという評価軸である。

性格や知能という心理的な特性を測定するためには単純なペーパーテストを課すだけでは不十分であり、十分に訓練された心理士やカウンセラーが面接を行いながら検査を行うことが重要である。

7　知能とは何か

　一般に知能とは頭の良さや新しい事象を学習したり、新しい環境に適応したりする能力、抽象的な思考力、記憶力、数や図形を処理する能力として認識されている。

　知能は一般に知能指数（IQ：Intellectual Quotient）という指標で示され、次の式で算定される。

知能指数＝精神年齢／生活年齢×100

　ビネーは年齢に比べて多くのことができると精神年齢が高いと考え、各年齢でできることを列挙し、自分の年齢よりも高いカテゴリーの課題がたくさんできると知能指数が高いと評価される検査票を考案し、ビネー式知能検査を開発した。これは1905年にフランスの文部大臣が子どもたちを就学させるにあたってその適否を判定する方法をビネーに依頼したためであった。

8　その他の知能検査・発達検査

ウェクスラー式知能検査：知能を言語理解、知覚推理、ワーキングメモリ、処理速度の４つの指標得点と全検査IQを算出する。ビネー式知能検査では18歳までの測定であったが、この知能検査は成人にも利用できるものが作成されている。WISC-IV知能検査は５歳０か月～16歳11か月を対象にした知能検査である。17歳以上の成人にはWAIS-IV知能検査が適用される。

発達検査：乳幼児の精神運動発達を測定するための検査である。測定結果は発達指数（DQ；Developmental Quotient）で表される。発達検査には遠城寺式幼児分析的発達検査法、新版K式発達検査法、津守稲毛式発達検査法などがある。

9　心理療法

　心理療法とは対話を中心として薬物を用いずに訓練を積んだ特定の専門家により行われる治療を指す。心理療法を行う専門家のことを一般にセラピストと呼び、治療を受ける患者のことをクライアントと呼ぶ。心理療法には様々なものがあるが、主な療法について概説する。

精神分析：精神分析は20世紀の初めにフロイトが創始した心理療法であり、心理療法としては最古のものである。フロイトは意識と無意識について考え、意識は嫌な体験、思い出したくない記憶を無意識に押し込んで意識から消し去ろうという働きを持つと考え、それを抑圧と名付けた。その結果、無意識にはエネルギーが貯まり、意識の方に逆流してくる。これは性欲として表現されると考え、彼はそれをリビドーと呼んだ。このエネルギーがうまく発散されないと体や心に歪みを生じ、様々な症状を引き起こすと考えた。この理論を精神分析学と呼び、精神分析学を利用した心理療法を精神分析と呼ぶ。精神分析は自由連想法と呼ばれる方法を用いる。クライアントは思いつくままに自由に話し、セラピストはクライアントの話に解釈を加え、無意識の中に潜む様々な問題を明らかにしてゆく。

分析心理学：フロイトの弟子であるユングが確立した。ユングは各個人の無意識のさらに奥に、同じ民族や同じ文化に共通する普遍的無意識を設定

し、その共通性を形作るものとしてアーキタイプを仮定した。アーキタイプはその集団に共通する民話などの主人公として現れる。人々は個性化という過程を通して精神的な問題を解決し、心理的に成長するとした。この個性化のためにはアーキタイプからメッセージを受け取る必要があり、そのメッセージは夢を通して伝えられるため、夢分析が重視された。

クライアント中心療法：ロジャーズによって確立された。一般にカウンセリングという場合にはロジャーズの方法を用いることが多く、教育相談やスクールカウンセリングにおいても使用される頻度の高い手法である。クライアント中心療法では無条件の肯定的配慮・無条件の積極的受容と共感的な理解を元にセラピストはクライアントのことばを徹底的に傾聴する。このことがクライアントの持つ自然快復力や自己実現傾向を引き出し、クライアントの持つ問題が本人の潜在的に持つ力で問題解決に向かうというのがロジャーズの自己理論である。つまり、クライアントが語っているうちに「自分がどのような人間であるのかという自己イメージ」と「自分の現実社会での経験」が一致することで自己認識の矛盾がなくなり（自己一致）、自分自身の心理状態についての適切な自己分析が可能になり、問題が解決する。

認知行動療法：行動療法とは、クライアントの行動を望ましい方に変えてゆくことで問題を克服できるようにすることである。例えば、トークン法では望ましい行動を行ったときにトークンを与えることで望ましい行動を増やすように誘導する方法であり、系統的脱感作法は不安や恐怖について低いレベルの暴露に対して筋肉のリラックスを行えるようにすることから開始し、次第に高レベルの暴露にも筋肉のリラックスができて耐えられるようにする方法である。認知療法とはクライアントの物事の感じ方、受け

取り方を変えることによって事態を改善しようとするものである。特に、動揺したり辛くなったりしたときにクライアントの心に浮かぶ考え（自動思考）に焦点を当てて、それが現実とどれくらい食い違っているかを論理的に反証したり検証することでクライアントの認知の歪みを修正してゆく。

参考文献
大芦治『教育相談・学校精神保健の基礎知識』ナカニシヤ出版、2008
滝川一廣『子どものための精神医学』医学書院、2017

第2章　子どもの精神発達について

1　胎児期～乳幼児期

　受精により誕生した胎児は子宮という環境の中で母親に完全に守られた状態で育ってゆくが、ある日、出産というイベントが起こる。出産により母親の体外に産まれ出ることとなり、同時に、母親と繋がり、酸素や栄養を供給してくれていた臍帯は切断される。新しく誕生した児はもはや胎児ではなく新生児として外界という新しい環境で自ら呼吸を行い、哺乳を行わなければならない。新生児は新しい環境で混沌と未知の不安を感じるであろう。特に第一子であれば、両親も経験不足であり、さらに不安は大きくなる。母は出産という大事業のため疲労しており、マタニティブルーを示すこともある。しかし、周囲のサポートもあり、新生児は着実に哺乳し、環境に適応してゆく。母乳、もしくは粉乳による栄養が十分に足りるようになると新生児の体重は大きくなり、同時に精神神経系の発育も見られるようになってゆく。また、出生直後の新生児であっても母親の顔を認識するという報告もある。（高橋ら、1990）

　生後28日を超えると新生児期を脱し乳児期となる。多くの母親は育児にある程度慣れてきており、児とのスキンシップもスムーズに行えているが、核家族化した日本の家族では生後1か月頃に親族のサポートが終了することが多い。このことで慣れない母親にとって育児の負担が過重になり産後うつ病のリスクになる可能性もある。この時期には乳児の関わりを求める行動は主養育者に限られておらず、誰に対してもほぼ同じように向けられる。（ボウルビーによる愛着行動の発達の第1段階）

　生後数か月になると乳児は視線もよく合うようになり、笑うようにもな

る。また首が座り、腰も座るようになるとだっこやベビーカーでの外出が次第に容易になってくる。

　この時期の育児の担い手は母親であることが多く、母子はお互いに手探りをしながら不安や混乱を乗り越えて濃密なやりとりを行っている。母子関係の焦点は授乳になる。授乳を通して母子の関係が深まってゆく。乳児は母親もしくは主養育者を認識するようになる。(ボウルビーによる愛着行動の発達の第2段階)

　乳児期中期〜後期になると授乳だけではなく、離乳食が始まる。離乳食という新たな冒険を喜ぶか、授乳にこだわるかはそれぞれの乳児によって違いがあるが、どの児においても次第に授乳を介した濃密な母子関係は終わりを告げてゆく。乳児はハイハイや伝い歩きという移動手段を獲得し、主養育者（主に母親）を安全な場所と認識して、自分の好きなおもちゃを自分で取りに行くことができるようになると共に、別の家族の存在にも気づくようになる。それは父親である。また、1歳半頃になると自立歩行を獲得するが、主養育者（母親）への後追いが見られる。(ボウルビーによる愛着行動の発達の第3段階)

　父親について：母親が主に育児を担う場合には乳児期早期までは父親は辺縁の存在である。乳児が成長して母親との濃密な関係を終了するにつれて、母親とは異なった大人として父親を認識するようになる。父親は母子関係における「他者」としての役割を持ち、子どもが社会の存在を認識するのに重要である。

2　愛着理論と愛着障害

ボウルビーの愛着理論：ジョン・ボウルビーは英国の児童精神科医である。彼はタビストック・クリニックでの実践により乳幼児と主養育者の情

緒的繋がりは非常に重要であることを観察した。すなわち、自己を十分に守れない乳幼児にとっては主養育者に接近した状態を維持することで安全を確保しようというはたらきがあり、それが愛着である。

　ボウルビーは乳幼児期の愛着段階の発達を4段階に分けた。発達段階の1段階から3段階までは上記に説明したが、第4段階は3歳以降にみられ、安定した愛着関係が維持されていれば、主養育者（母親）の不在にも短時間であれば安定が保てるようになる。

愛着障害：主養育者（母親など）から引き離され、例えば施設養育で不適切な養育がなされた場合、適切な愛着を形成できず、愛着障害を引き起こすことが知られている。有名な例では、独裁政権下でのルーマニアの劣等な施設で不適切な養育がなされていたものがある。これらの愛着障害では反応性アタッチメント障害と呼ばれるタイプと脱抑制型対人交流障害と呼ばれるタイプがみられる。前者においてはこだわりが強く、苦痛においても安楽を求めない、社交性の欠如がみられる。後者においては見慣れない大人にも積極的に近づき交流しようという態度や過度になれなれしい態度を示す。

3　愛着障害に対する包括ケア

　児が主養育者である親や家族と離れる、もしくは主養育者が頻繁に変わって安定した愛着形成ができない状況であれば、抵抗→絶望→脱愛着という経過をたどり、愛着障害が生じることになる。

　これに対して、治療としては特定の愛着の対象（母親的存在）との個別的、持続的で一貫性のある関係性の形成が愛着の再形成に重要であろう。このようなことが知られるようになってからは小児科病棟の長期入院患者

第1部　学校精神保健の基礎　総論

では親の頻回の面会を認め、促すようになった。また、大規模な施設養育よりも小規模の家族的スタイルでの施設養育、里親制度、養子制度の活用で家庭的な一貫した養育による安定した愛着形成を維持することが求められるようになっている。

4　産後うつ病

　産後うつ病は出産後、親族や家族からの援助が少なく育児負担が過重であると感じることや、育児経験の不足による不安が引き金となりうる。発症頻度は10〜20％ともいわれる。産後うつ病を発症する前の予防や早期発見が重要となる。症状は気分の落ち込み、疲れやすい、物事に対する興味や喜びが減少し、食欲の低下や不眠が生じる。逆に過食や睡眠過多を示す場合もある。うつ状態が2週間以上継続するときには休息等の対応を取るべきである。出産直後に起きる、いわゆるマタニティブルーは産後うつ病ではない。

5　幼児期

　言葉の発達は一般には生後4〜5か月頃から発声があるが、乳児期後期には喃語を盛んに発するようになり、1歳半頃には単語、2歳頃には二語文、3歳頃には三語文を発することができる。3歳を過ぎる頃からは友人関係の形成も始まり、子どもの社会へと次第に参入してゆくことになる。また、自我の芽生えと共に養育者に反抗する第一反抗期を示すことも多い。反抗期は多くの例では3〜4歳にピークを迎え、その後おさまってくることが多いが、経験のない母親にとってはショックが大きいこともある。また、幼児期後期には幼稚園や保育園に通い出す児も増えてくるた

め、集団保育の中で集団になじめない児や指示の通りにくい児がスクリーニングされ、発達障害の疑いで医療機関等に相談することもある。自治体では３歳児健診の後に「気になる子」を集めて発達障害のスクリーニングを行う「４〜５歳児健診」を行っていることもある。

6　学童期（小学校低学年）

　小学校低学年の時期には幼児期の特徴を残しており、親や教師のいうことを守ろうとする児童が多い。学年が上がるとともに、善悪についての理解や判断ができるようになり、また自分の意見を持つようになる。抽象的なことに対する理解はまだ困難であり、具体的な事象に対する理解が主である。理解力、表現力は幼いためまだ不十分であり、適切な表現ができないことが多い。大人の世界である現実世界に対して己の無力感を感じる場合、想像力を強め、ヒーローへのあこがれを示すことがある。

7　学童期（小学校高学年）

　小学校低学年に比べて抽象的な物事の理解ができるようになる。自分を含めた対象を客観的に観察したり、分析したりすることが次第に可能となってくる。教師や仲間の存在はより重要となり、ロールモデルやライバルとして認識するようになる。一方で閉鎖的な仲間集団となり、自分たちで仲間のルールを決めるようになる。ギャングエイジとも呼ばれる。発達の個人差が大きくなってくるため、中には自己肯定感を持てず、自尊感情を低下させ、劣等感を強く持つ児童もいる。

8 青年前期（中学校）

　小学校高学年から中学校にかけて多くの者が思春期を迎え始める。性ホルモンの働きで精神や身体に変化が起こり始める。そのため、アンバランスが起こりやすくなり不安定が目立つ。中学校に入り、勉強は難しくなり、部活での先輩後輩の関係、いじめの問題、新たな人間関係の構築など、様々な要素により不登校になったり引きこもりになったりする生徒が増え、中一ギャップと呼ばれている。友人との関係が深まる一方、親との会話が減ったり、親に対して反抗したりする。異性への興味関心が高まったり、自分の性に悩んだりすることもある。自分がどう見られているか気になったり、自分のことが嫌でたまらなくなったりする。問題行動を起こす生徒も増えてくる。

9 青年中期〜後期（高等学校〜大学等）

　青年前期（中学校）のような動揺を示す生徒は減り、表面は落ち着いている。異性に対する興味や悩みは相変わらずである。親から独立し、大人社会に本格的に入ってゆくための準備期間としてどのような人間となり、どのような進路に進むか考え、自分のアイデンティティを確立すべき時期。けれども、真剣に考えようとせず、目の前のことをとにかく楽しもうと考えているように見える人もいる。

10 発達論的な視点

　フロイトは幼児にも性欲があるが、思春期以降の性器の結合を求めるのではなく、他の部位からリビドーが発生するとした。乳児期は口唇期であ

り、哺乳行為を通じてリビドーが充足されるとした。次に肛門期を迎え、トイレトレーニングによる排泄コントロールの獲得から几帳面な性格の形成に繋がるとされた。その後は男根期となり、男女の区別に気づき男性性、女性性の形成が行われるようになる。男根期を過ぎると潜伏期となり、成人になると性器愛に統合されるとした。

　ピアジェは知性の本質は論理性であると考え、精神発達とはより高度な論理思考（論理操作）が開かれてゆくプロセスであるとした。幼児期には子どもは自己中心的であり、自分の視点からしか物事を捉えられない（前操作期）。児童期には一定の論理的操作を用いることができるようになるが、具象を元にした命題しか思考判断できない（具体的操作期）。大人に近くなると抽象的な概念を理解し、抽象的な命題について論理的操作を行うことができるようになる（形式的操作期）。

参考文献
高橋恵子、波多野誼余夫『生涯発達の心理学』岩波書店、1990
小林隆児、滝川一廣『そだちの科学7号　こころの科学　特集：愛着ときずな』日本評論社、2006
滝川一廣『そだちの科学24号　こころの科学　特集：発達障害と発達論的理解』日本評論社、2015

第2部
学校精神保健の基礎
各論

第3章　発達障害（神経発達症）

1　発達障害とは

　発達障害（神経発達症）とは発達期に起こる一群の疾患である。これらの疾患は典型的には小学校入学前後に明らかになることが多く、個人的、社会的、学業、または職業における機能の障害を引き起こす発達の欠陥に特徴づけられる。（『DSM-5®精神疾患の診断・統計マニュアル』より引用）

　この一群の疾患の中には後述する様々な疾患が含まれるが、日本では平成16年に発達障害者支援法が制定されており、その中に発達障害に含まれる疾患が規定されている。以下にその抜粋を示す。

2　発達障害者支援法（平成16年）

第一条　この法律は、発達障害者の心理機能の適正な発達及び円滑な社会生活の促進のために発達障害の症状の発現後できるだけ早期に発達支援を行うことが特に重要であることにかんがみ、発達障害を早期に発見し、発達支援を行うことに関する国及び地方公共団体の責務を明らかにするとともに、学校教育における発達障害者への支援、発達障害者の就労の支援、発達障害者支援センターの指定等について定めることにより、発達障害者の自立及び社会参加に資するようその生活全般にわたる支援を図り、もってその福祉の増進に寄与することを目的とする。

第二条　この法律において「発達障害」とは、自閉症、アスペルガー症候群その他の広汎性発達障害、学習障害、注意欠陥多動性障害その他

これに類する脳機能の障害であってその症状が通常低年齢において発現するものとして政令で定めるものをいう。
2　この法律において「発達障害者」とは、発達障害を有するために日常生活又は社会生活に制限を受ける者をいい、「発達障害児」とは、発達障害者のうち十八歳未満のものをいう。
3　この法律において「発達支援」とは、発達障害者に対し、その心理機能の適正な発達を支援し、及び円滑な社会生活を促進するため行う発達障害の特性に対応した医療的、福祉的及び教育的援助をいう。

この中で自閉症、アスペルガー症候群、広汎性発達障害という疾患群はDSM-5において自閉スペクトラム症という名称に変更されているので注意されたい。

3　知的発達症

　知的発達症は臨床的評価や知能検査によって確かめられる知的機能の欠陥、日常生活活動が制限されるため継続的な支援が必要とされる患者で、発達期の間に発症したという3つの基準を満たすことが必要とされる。知的発達症の重症度は軽症、中等症、重症、最重症に分類される。一般にはIQ70以下で平均以下とされる。しかし、医療的ケアの必要があるものは日常的に困難を認め、援助が必要とされるものである。また、IQ：71〜84は一般に境界域として認識されている。

4　自閉スペクトラム症（ASD；Autism Spectrum Disorder）

　自閉スペクトラム症では社会的コミュニケーションおよび対人的相互反応に持続的な欠陥や限定された反復的な行動様式を示す。

　反復的な行動様式には「常同性、同一性への固執、強いこだわり、感覚刺激に対する過敏さ、または鈍感さ」が含まれる。

　ASDは前述したように、以前には広汎性発達障害、軽度発達障害、高機能自閉症、アスペルガー症候群など様々な名称が付けられていた疾患である。これらの疾患は注意深い観察により同一疾患であるということが明らかになり、スペクトラムという概念の導入により、包括して取り扱えるようになった。

　ASD児は幼児期よりその特徴的な所見を示すことが多い。一つには対人関係への関心の薄さであり、それは家族には「手のかからない子」という認識をもたらすかもしれない。また、言語発達の遅れやアンバランスを示すことがある。その中にはエコラリア（反響言語）があり、会話において相手の発した言葉をオウム返しにそのまま発することがある。また、3歳頃まで発語がなく、3歳頃に急に大人びた言い回しを使ってしゃべり出す場合もある。

　インプットの問題：視野が狭い。見えているのに見えていない。注意の中心は見えているけれど、周辺がぼやけているように見えにくい。そのためASD患者では他人の顔を認識しにくいことがある。また、幼少期にはクレーン現象（ASD患者が何かを取って貰いたいときにその人の腕をつかんで催促すること）を示すASD患児はしばしばみられるが、これも同様のメカニズムが働いている可能性が高い。

ASDの有病率はかつて、1万人に数人といわれていたが、1980年代の報告では1000人に1人であった。最近の米国の調査では有病率は1％である。これは子どもでも成人でも違いは見られない。男女比は4：1で男性に多い。この有病率の増加については真の増加であるのか、疾病概念が広まったために発見される患者が増えた見かけの増加であるのかについては議論がなされている。

ASDの歴史

発達障害の歴史は米国のカナーによる知的障害とされた子供たちの中から一定の特徴を持つ何人かの患者についての報告（1943）から始まる。これらの患者は幼児期以前に発症し、他人とのコミュニケーション能力に欠けていた。カナーはこれらの患者達を「早期幼児自閉症」と命名した。一方で、オーストリアの小児科医であるアスペルガーは知的な遅れはないもののカナーの患者達と同じようにコミュニケーション能力に欠け、こだわりを示す患者について報告し、「小児自閉性精神病質」と名付けた（1944）。当時は自閉症が小児統合失調症ではないかという議論が中心であったが、次第に小児自閉症と小児統合失調症は異なる疾患であることが示された。次に問題になったのは自閉症が心因性のものであるか、脳実質の障害であるかということであるが、次第に脳障害による疾患すなわち外因性の精神障害であることが明らかにされた。

検　査

診断は主に臨床診断で行われる。ASDに特異的なバイオマーカーは知られていない。

聴力検査、頭部MRI検査、脳波検査、認知・発達検査を行い、他の疾患との鑑別、てんかんや結節性硬化症などの合併症の有無について確認する。

治　療

　薬物療法：確立したものはない。症例によっては漢方薬（抑肝散など）を使用することがある。自傷行為を含む強い行為障害には非定型抗精神病薬（リスペリドンなど）を使用することがある。近年、オキシトシンの治療薬としての可能性が探られている。

　療育：TEACCHのほか、ABA、RDIなど様々な方法が行われている。

5　注意欠如・多動症（ADHD；Attention Deficit/Hyperactivity Disorder）

　注意欠如・多動症では不注意および多動性および衝動性を認める。この中で、不注意が主体になる不注意優勢型、多動、衝動性と不注意とがみられる混合型、多動、衝動性の症状が前面に出る多動・衝動優勢型に分類される。

　幼少時からかんしゃく持ちで、あやしてもなかなか泣き止まない、多動や衝動性が強く、走ってどこに行くかわからないので家族が常に追いかけていないとしばしば迷子になるということがあり家族が心配して医療機関等に相談することがある。定型発達では子どもたちは次第に落ち着きや注意深さを獲得してゆくが、激しい反抗期や年齢発達に不釣り合いな注意力散漫、衝動性、多動性を示すとADHDの疑いが出てくる。幼児期以降には集団生活における逸脱がみられ、学童期に入ると課題に集中できない、授業中にしばしば離席するなどの問題が生じ、忘れ物がひどく目立つようになる。中にはASDの症状を示す児もおり、これはDSM-5よりASDとADHDのオーバーラップについても記載されるようになった。小学校高学年から思春期に至ると、一定の割合で多動、衝動性の症状は表面的に軽減・消失することがある。また、ADHDでは併存症の割合が多く、特に、

反抗挑戦性障害（ODD）と行為障害（CD）からなる「行動障害群」の合併が多いが、周囲に理解があり、教育現場での合理的配慮、必要な薬物治療などの適切な介入を受けている場合、社会適応は改善して行くことがある。ただ、不注意は残存することが多い。一方で不適切な介入、いじめや不適切な養育環境では二次障害を引き起こしやすくなる。

　斉藤らの報告（2008）では中長期経過の調査によって、ADHD患者のうち、3年後に追跡調査を行い、ADHDの症状が悪化した者は2名（3.6％）、不変の者は25名（44.6％）、改善した者は20名（35.7％）、寛解した者は9名（16.1％）ということである。また、併存症の調査では55名中45名に何らかの併存症がみられたとしている。そのうち、反抗挑戦性障害（ODD）と行為障害（CD）からなる「行動障害群」の併存は当初調査で29名、追跡調査時に23名とそれぞれ51.8％、41.8％を示していた。

DBDマーチ：社会的適応がうまくゆかなかったり、周囲からの適切な援助が得られなかったりすると、ADHD患者は自己評価や自尊感情の低下を来たし、行動障害群の併存症を来すとされる。すなわち、比較的多くの患者が反抗挑戦性障害（ODD；Oppositional Defiant Disorder）を示し、怒りっぽい態度、口論や挑発的行動を示し、または執念深さをみせる。その一部が複数の非行を繰り返す素行障害（CD；Conduct Disorder）に至り、さらにその一部が反社会性パーソナリティ障害（APD；Antisocial Personality Disorder）に至ってしまうというものである。これを斉藤らはDisruptive Behavior Disorder（DBD）マーチと呼んでいる。

成人ADHD：近年、成人ADHDの存在が注目されるようになっている。これは、多動、衝動性の症状は強くない、不注意優勢型のADHD患者が診断されることなく成人し、ソーシャルスキルが低いために社会で不適応

を起こしたことをきっかけに診断されるものである。

　一般に、小児期に診断されるADHDは多動や衝動性をきっかけに診断されることが多く、児童期の有病率は5％とされるが、男女比は1.4：1で男児に多いとされる。思春期から青年期にかけて多動、衝動性については自己抑制がなされ、目立たなくなることもみられるが、不注意は残存しやすい。また、自尊感情の低下や自己肯定感の低さから起こる二次障害を残す患者もいる。成人ADHDの有病率は2.5で男女比は1：1とされる。

　ADHDの発症については双生児研究などが行われており、遺伝的要因と環境的要因のいずれもがリスクを決定しているとされる。

ADHDの歴史

　スティルが知的能力は正常であり脳損傷もない児童に多動性・衝動性を認める例を発表し、1937年にブラッドレーらによりアンフェタミン投与によりこの行動障害が改善することが報告された。

検　査

　原則として臨床診断により診断されるが、多動や衝動性は非特異的な症状であることから類似疾患との鑑別診断が重要になる。

治　療

薬物療法：メチルフェニデートとアトモキセチンが主流の治療薬であるが、近年、グアンファシン塩酸塩が新たに加わった。いずれも根治を目指す薬ではなく、対症療法として用いられる。多くは多動衝動性を改善する効果がある。また、二次障害の改善については非定型抗精神病薬であるリスペリドンを使用する場合もある。

環境調整、構造化：ADHDでは視覚等から入ってきた情報について適切

に優先順位を付けて処理することができないために症状が起こると考えられている。そのため、視覚からの情報を抑制して必要な情報のみを入力できるように環境調整することでトラブルなく適切な行動を行うことができる。

ペアレントトレーニング：周囲の不適切な対応が患者の自尊感情の低下を招き、それが二次障害の発症に繋がることから、家族にペアレントトレーニングを行い、家族がスキルアップすることで周囲の適切な対応を可能にし、併存症の発症を予防する。

認知行動療法：患者の行動変容を目指し、望ましい行動を増やすことで周囲との適切な関係を維持できるようにする。どういう行動を取れば望ましいかの教育を行い、望ましい行動が実行できれば報酬を与え（トークン法）、行動変容を図ってゆく。

6　学習障害 (LD；Learning Disability)

文科省による学習障害の定義

「学習障害とは、基本的には全般的な知的発達に遅れはないが、聞く、話す、読む、書く、計算する又は推論する能力のうち特定のものの習得と使用に著しい困難を示す様々な状態を指すものである。

学習障害は、その原因として、中枢神経系に何らかの機能障害があると推定されるが、視覚障害、聴覚障害、知的障害、情緒障害などの障害や、環境的な要因が直接の原因となるものではない」

医学分野からの学習障害

1）**読字障害（Dyslexia）・計算障害（Dyscalculia）**：知的な遅れや視力・聴力に問題はないのに文字の読み書きに極端な困難を呈するもの。ま

た、数字の読み書きや計算に極端な困難を呈するものは計算障害とよばれる。
2）**微細脳障害**（Minimal Brain Dysfunction）：神経学的検査では検出されないほどの微細な機能障害が軽度の障害を起こしているという考え方。しばしば極小未熟児や低酸素脳症の新生児が成長した後に落ち着きがなかったり学習がうまくゆかなかったりという状況を示すことがある。

ディスレクシアの有病率：欧米で5～2％、日本では0.7～2.2％
性差について、男女比は2～3：1といわれている。

7　チック・トゥレット症候群 (Tic disorders)

　チックとは、突発的、急速、反復性、非律動性の運動または発声である。
　一般的にチックは3歳から10歳の男児に多く発症し、数週間から数か月という期間で症状が良くなったり悪くなったりする。症状が出現して半年から1年以内に消失することがほとんどである。
　チックの発症は生まれつきチックを起こしやすい脳の体質（神経伝達物質"ドーパミン"のアンバランス）によって起こるといわれている。一方で親に叱られたなどの誘因を持つ者は全体の3分の1程度といわれており、心理ストレスによってチック症状は悪化することがある。
トゥレット症候群：チックの中での重症タイプである。複数の運動性チックと音声チックの両方を認め、チック症状が1日に頻回起こり、1年以上続くものである。
　トゥレット症候群の有病率は4～5人／10,000人といわれている。
　チックには強迫性障害や多動を合併するものもあり、後者ではADHD

第2部　学校精神保健の基礎　各論

との鑑別が重要となる。チックをADHDと誤診してメチルフェニデートを使用すると、多動は悪化することが知られている。

チックの治療

　軽症チックの場合には経過観察のみで自然に軽快することが多い。心理ストレスで悪化することが多いので、チックを無理にやめさせようと叱ったり、学校でいじめやからかいの対象になったりすると悪化することがある。重症型ではハロペリドールや非定型抗精神病薬が用いられることがある。強迫性障害との合併例ではセロトニン再取り込み阻害薬が用いられる。

8　発達性協調運動障害（DCD；Developmental Coordination Disorder）

　協調運動技術の獲得が生活年齢において期待される水準より明らかに劣っており、日常生活を妨げ、もしくは悪影響を与えているもの。

　有病率は5〜11歳の子どもにおいて5〜6％であり、男女比は2：1から7：1の間とされる。

参考文献
高橋三郎、大野裕監訳　染矢俊幸、神庭重信、尾崎紀夫、三村將、村井俊哉訳『DSM-5®精神疾患の診断・統計マニュアル』医学書院、2014
本城秀次、野邑健二、岡田俊編『臨床児童青年精神医学ハンドブック』西村書店、2016
齊藤万比古、渡辺京太『改訂版　注意欠陥／多動性障害　−AD／HD−の診断・治療ガイドライン』じほう、2006
平岩幹男、岡明、神尾陽子編『データで読み解く発達障害』中山書店、2016

第4章　心的外傷およびストレス因関連障害群

1　心的外傷後ストレス障害（PTSD；Post Traumatic Stress Disorder）

　かつて、戦争に参加した兵士が至近で弾薬が爆発したことにより発症したので最初は「弾薬ショック」と呼ばれていた。その後、ドメスティックバイオレンス（DV）や虐待を受けた女性にも同様の症状が現れることが知られるようになった。日本でPTSDが一般に知られるようになったのは1995年に起きた阪神淡路大震災と地下鉄サリン事件がきっかけである。

心的外傷（トラウマ）

　トラウマとは一般的に外傷のことを指すが、特に心理的に当人の対処能力を超えた出来事を経験し、その後様々な心身の不調が持続的に現れる精神反応のことを表す。

2　小児のPTSDについて

　かつて、子どもは幼いため、恐怖体験や喪失体験について、事情を理解することができず、また、適応能力が高いため、心の傷はできにくいと考えられていた。しかし、次第に、子どもは外傷や喪失の影響を受けやすいことが知られるようになってきた。

恐怖体験：典型的な恐怖体験としては、自然災害、交通事故、戦争等で難民になって逃げる、虐待、いじめられ体験、他者へのいじめの目撃などがあるが、子ども達は実際に体験してはいなくてもテレビの映像などから空

第2部 学校精神保健の基礎 各論

想上の体験を実際に体験したように記憶する混乱があり、それに伴うPTSD症状が存在してしまうことがある。例えば、東日本大震災の時、当初はテレビで津波の映像を繰り返し放映していたが、その映像で恐怖を増幅させた子ども達が出現し、津波の映像を見ることを嫌がり、拒否し出すようになったため、テレビで当時の津波映像を放映することを控えることとなった。

再体験：本人が思い出そうとしなくても、何の前触れもなく、突然、恐怖体験の記憶が蘇ってしまうこと。いわゆるフラッシュバックのことを指す。

回避や感情の鈍麻：外傷体験に関係する状況を無意識のうちに避け、もしくは感情を麻痺させた状態になることで辛い記憶を回避しようとするはたらき。

覚醒レベルの上昇：入眠障害や中途覚醒などの睡眠障害を起こし、興奮しやすくなる、または周囲に対して警戒が強くなる。

また、小児のPTSDでは小児の表現力の未熟さがあり、症状が現れているのかわかりにくく、部分的な症状に見えることがある。

タイプⅠ：交通事故など突然襲った外傷体験であり、典型的なPTSDの3症状を示す場合が多い。

タイプⅡ：身体的虐待など何度も繰り返されて長期続く外傷体験では否認、感情麻痺、解離、強い怒りという症状が多い。(Terr, 1979)

3　PTSDの治療

初期介入

患者に「保護されている、今は安全である」という安心感を与える。
落ち着いた安らぐ環境を整備し、癒やしに向かいやすいようにする。

正確な情報を伝える。

体験を過去の記憶として整理する。

さまざまな治療
環境療法：子どもが本来の活動ができる環境を提供する。入院、デイケアなど。
個人療法：治療者が子ども本人に精神療法を行い、孤立している外傷記憶を表現し、開放し、叙述への統合を行うことを目標とする。
　患者の状況によっては親ガイダンス・家族療法、集団療法が選択されることもある。
薬物療法：薬剤についてはうつや不安などの二次的症状を緩和するために使用することがある。

参考文献
高橋三郎、大野裕監訳　染矢俊幸、神庭重信、尾崎紀夫、三村將、村井俊哉訳『DSM-5® 精神疾患の診断・統計マニュアル』医学書院、2014
本城秀次、野邑健二、岡田俊編『臨床児童青年精神医学ハンドブック』西村書店、2016
Terr LC: Childhood tarumas; An out line and overview. Am J Psychiatry: 10-20, 1979
奥山眞紀子「小児の外傷後ストレス障害」小児科、2000, 41（13）pp2307-2316

第5章　食行動の異常

1　神経性やせ症（AN；Anorexia Nervosa）

　神経性やせ症にみられる3つの必須の特徴は①食事摂取制限の継続、②太ることへの強い恐怖と太らないようにするための行動、③体重または体型に関する自己認識のずれである。

　若年女性における神経性やせ症の有病率は0.4％である。男女比は1：10で圧倒的に女性が多い。

神経性やせ症にみられる症状

　身体面ではやせ、低体温、徐脈、乾燥した皮膚を認め、その他の症状として便秘や浮腫を認める。またホルモンバランスの異常から多毛を認めることもある。

　重症になると恥毛が脱落し、乳房の萎縮、無月経などの症状を呈する。
食行動：拒食・少食、隠れ食い、盗食、また、自己誘発性嘔吐や下剤の乱用を認めることもある。
心理行動面：やせ願望と肥満に対する恐怖を示す。やせていることを認めない（自覚できない）ため病識は欠如する。依存と攻撃性の相反する感情の混在（両価性）。葛藤を自分で処理することが困難となる。

メディアと低年齢化

　子どものもつ「理想の体型モデル」はメディアの影響によりスリムとやせを強調するようになっている。自分の「ボディイメージ（自分の頭で考える自分の体型）」と「理想の体型モデル」のギャップが大きいことが摂

食障害の原因の一つと考えられている。中学校入学までに「必要量をバランスよく食べることの大切さ」などの正しい栄養教育を受けることが摂食障害の予防に重要である。

スポーツと摂食障害

　スポーツの一部では厳しい体型維持や体重制限を要求される。

　もともと摂食障害の素因がある子どもがそういうスポーツをきっかけに摂食障害を発症することが知られており、元々海外では報告が多かったが、最近は本邦での報告も増えている。

　マラソン、バレエ、レスリング、新体操などのスポーツでは体調管理に十分注意し、極端な体重減少や気分の変調（抑うつ傾向）、食欲低下を来した場合には早めに医療機関を受診させる。

2　神経性過食症 (BN；Bulimia Nervosa)

　神経性過食症での3つの特徴は①反復する過食、②反復する代償行動（体重増加を防ぐためのもの）③体重および体型によって自己評価が過度に影響を受けることである。

身体面：体重は正常範囲から軽度肥満までが多い。代償行動として食後に嘔吐することが頻回の場合には胃液により歯のエナメル質が溶けることがある（酸蝕症）。また、嘔吐の時に指をのどの奥に突っ込んで刺激することを繰り返すと、手の甲に「吐きダコ」ができることがある。

食行動：抑制の効かない常軌を逸した量を一気に食べる。発作的あるいは習慣的な過食行動。過食の後、自己誘発性嘔吐がしばしばみられる。排出行動として下剤や利尿薬の乱用がみられる。

心理行動面：過食後、強い抑うつ感情と自己嫌悪感が生じやすくなる。自

傷、自殺企図、盗癖、性的逸脱行為、薬物乱用などの問題行動がみられることもある。学校や職場では一見問題なく振る舞っているようにみえる。

若い女性における神経性過食症の有病率は1～1.5%である。男女比は1：10である。

自殺の危険性

神経性過食症では自殺の危険性が高いので自殺企図にも注意を払う必要がある。

3　異食症・反芻症（pica／rumination disorder）

異食症：かつては寄生虫症による吸血で高度の貧血がある時に鉄分の多い赤土などを食べてしまう症状を指していたが、現在の日本では寄生虫症は激減しているため、異食症として捉えられるのは知的障害や精神疾患の経過中の一症状であることが多い。

反芻症：食べたものの吐き戻しであり、幼児期のものは自然寛解するが、知的障害、発達障害、ストレス等に伴うものは遷延しやすい。

参考文献

高橋三郎、大野裕監訳　染矢俊幸、神庭重信、尾崎紀夫、三村將、村井俊哉訳『DSM-5® 精神疾患の診断・統計マニュアル』医学書院、2014

日本小児心身医学会編『小児心身医学会ガイドライン集（改訂第2版）』南江堂、2015

第6章　排泄症

1　遺尿症 (enuresis)

　遺尿症は不適切な場所に排尿を繰り返すものである。広義には夜尿症も含まれる。全ての人は出生時から幼児期まで遺尿、もしくは夜尿症を認めるが、次第に遺尿を起こすことはなくなってゆく。小学校に入っても遺尿や夜尿を繰り返す場合には精査や治療が必要である。

　夜尿症では就眠中の抗利尿ホルモンの分泌不足による夜間多尿や膀胱蓄尿量の不足と尿意に対する覚醒障害があると夜尿を呈する。

　また、尿崩症、糖尿病、神経因性膀胱等が基礎疾患となり得るので慎重に鑑別する必要がある。

　治療としては三環系抗うつ薬であるアナフラニール等が有効である場合があり、その他抗コリン剤や抗利尿ホルモンを用いる場合がある。また、夜間アラーム両方を用いる場合もある。強制覚醒による排尿は有効ではない。

2　遺糞症 (encopresis)

　遺糞症は不適切な場所に大便の排泄を繰り返すものだが、これも遺尿症と同様、乳児期までは全ての人にみられるものである。小学生に入っても症状が繰り返される場合には消化器疾患、発達障害、虐待、不安症との鑑別が必要になる。

参考文献

高橋三郎、大野裕監訳　染矢俊幸、神庭重信、尾崎紀夫、三村將、村井俊哉訳『DSM-5®精神疾患の診断・統計マニュアル』医学書院、2014

第7章　統合失調症とうつ病

1　統合失調症 (Schizophrenia)

　統合失調症は妄想や幻覚、まとまりのない発語、緊張病性の行動、陰性症状など多様な症状を示す。通常は10代後半から30代半ばに発症することが多い。典型的な経過では前兆期があり、不眠や集中力がない、いらいらする、食欲不振、漠然とした不安などを訴える。その後、急性期に入ると、様々な陽性症状が出現する。陽性症状としては幻覚（幻聴）、妄想、構想伝播、滅裂思考などがあり、悪口などの声が聞こえたり、誰かから狙われている、尾行されているという被害妄想を抱いたり自分の考えが他人に読み取られてしまっているなどの訴えが出てくる。周囲の人がその訴えを否定しても、患者にとっては真実であるので否定は受け入れられない。むしろ否定する者は自分を狙う悪の一味だなどという妄想を新たに付け加えることもある。患者にとって自分は完全に正常であり、自分の状況を否定するものは間違っているという強い信念を持つため、病識はないし自分が病気であるという都合の悪い真実は受け入れない。一方で、自分の考えがまとまらなくなり、混乱してしまう滅裂思考を示すことも多い。急性期を超えると陽性症状は次第に減退し、陰性症状が前面に現れる。陰性症状としては意欲の低下、注意力の低下、自閉的な生活があり、いわゆる引きこもった状態になってしまう。認知機能障害も示すため、他人から言われたことがすぐに頭に入らず、何から手を付けて良いかわからなくなり、計画を立てられなくなり、優先順位が付けられなくなる。何とか作業を開始しても、同じ仕事を短い時間しか続けられない状態になる。日常生活の維持も困難となり、退院困難となってゆく患者も多い。

2 児童青年期の統合失調症

　児童青年期に発症する統合失調症では幻聴よりも幻視が多い。空想的・魔術的妄想があるが、正常でもみられる空想と区別がつきにくく診断が難しい場合がある。遺伝的要因が大きい可能性が指摘されている。はっきりした幻覚や妄想が認められず人格水準の低下が進行し、生活能力の低下が重篤になる場合もある（陰性症状：以前の破瓜型）。この場合、臨床症状は激烈で精神運動性興奮、混迷、緘黙、不食などとして表現されることもあり、人格の荒廃が急激に進行する場合もある。

3 統合失調症の治療

薬物治療：一般に陽性症状を標的として抗精神病薬が用いられる。陰性症状に有効な薬剤はほとんど知られていない。学校精神保健の範疇で考えると、児童期の統合失調症は希であるので確立された治療法は知られていない。

非薬物療法：認知矯正療法、認知行動療法などが薬物療法と併用されている。明確な治療効果は明らかではないが一定の効果は存在しうる可能性がある。

4 抑うつ障害（depressive disorders）

　うつ病は気分（Mood）の変調に関する疾患の一つであり、元々はクレペリンのそううつ病概念から派生してきたものである。近年の高ストレス社会においてはうつ状態に陥る人が増加し、社会問題になっている。この

中でうつ病はそううつ病概念から双極性障害と概念が進化してゆく中でDSM-IVでは大うつ病と表現され、DSM-5では抑うつ障害群として独立した疾患概念となった。

　うつ病を構成する症状は大別すると2つあり、1つは抑うつ症状であり、他方は興味や喜びの消失として表現されている。これらの症状が2週間以上持続すればうつ病として診断される。有病率はおよそ3〜7％であるが、男女比は1：2〜3と女性に多い。また、若年者では有病率が高い。

　遺伝的素因と環境因（ストレスなど）が加わって発症に至ると考えられているが、うつの前性格として「メランコリー親和型気質」が知られている。

　未治療で経過した場合、患者の7割はおよそ半年から1年で自然軽快するといわれている。

5　子どものうつ病

　子どものうつ病は大人と同じ診断基準で診断される。症状としては過眠が多く、食欲や睡眠には大きな影響がないことが多い。また、大人でみられる、うつに伴う微小妄想は子どもではみられないことが多い。小児では表現力が未熟であるので抑うつ気分が易怒的な態度として表現されることもある。一方で悲観的で絶望的で自己評価が低いという認知的な歪みをもつ場合もある。その結果、勉強に手がつかなかったり、人間関係に問題が起きたりすることもある。うつ病が一旦軽快しても再発することも多い。

　うつ病の病因には遺伝因子と環境因子が作用していると考えられているが、子どものうつ病ではストレスの関与が大きい可能性がある。これは、ストレスをどう受け止め、どう処理してゆくかについての方法が子どもで

は未熟であることがある。また、家族の問題が大きなストレスに繋がる可能性がある。

6　その他のうつ病

季節性うつ病

秋から冬にかけて発症し、春から夏にかけて軽快することが多い。うつ症状は非定型的なことがある。秋・冬の日照時間の減少が発症に関連するといわれている。高照度光療法を施行すると改善することがある。

仮面うつ病

うつ病を発症しているが、精神症状よりも身体症状が前面に出て気分の変調がわかりにくいうつ病のタイプ。

7　うつ病の治療

笠原によると、うつ病の治療はまず休息である。その他薬物療法、心理（精神）療法を組み合わせて用いる。

薬物療法

薬物療法としては三環系抗うつ薬、四環系抗うつ薬、選択的セロトニン再取り込み阻害薬（SSRI）、セロトニン・ノルアドレナリン再取り込み阻害薬（SNRI）、ノルアドレナリン作動性・特異的セロトニン作動性抗うつ薬（NaSSA）などが抗うつ薬として開発され、使用されている。いずれも神経伝達物質であるセロトニン、ドーパミン、ノルアドレナリンに作用する薬剤である。薬物療法は抗うつ薬を十分な量、十分な期間内服し続け

ることが基本となる。薬物によって、もしくは年齢によって副作用が出現することがあるので注意する必要がある。

薬物療法の副作用
　特に24歳以下の若年者では薬物による副作用が発生しやすい。
アクチベーション症候群：不安、焦燥、パニック発作、不眠、衝動性、アカシジア、軽躁などを認める。
　自殺関連行動の増加。
中断症候群：急激な内服の中断で嘔気、めまい、不安、不眠、頭痛を起こす。
アカシジア：静座不能症ともいわれる。そわそわしてじっとしていられない、静止していられない、うろうろ歩き回ってしまうという多角的な症状と、単に落ち着かないという自覚的な症状を認める。
セロトニン症候群：選択的セロトニン再取り込み阻害薬（SSRI）などを使用したときにセロトニンレベルが急激に上昇することがあり、下痢、発汗、振戦などの身体症状、不安、焦燥、見当識障害などの精神症状が生じることがある。

心理療法
　うつ病で施行される心理療法としては認知行動療法がある。

　子どものうつ病に対しては上記理由から、薬物療法については副作用の出現が懸念される。

8 双極性障害

　いわゆるそううつ病のことを双極性障害という。うつ病（大うつ病）は抑うつ症状が持続するもの（単極性）であるが、そううつ病は抑うつ状態とそう状態（気分が高揚して開放的になり活発になる状態）が繰り返して起こるものである。そう病はそう状態が続く疾患である。児童期から青年期にかけてはうつ病であることが多いが、希に双極性障害の抑うつ状態をうつ病と誤解されることがあるので注意が必要である。

参考文献
高橋三郎、大野裕監訳　染矢俊幸、神庭重信、尾崎紀夫、三村將、村井俊哉訳『DSM-5®精神疾患の診断・統計マニュアル』医学書院、2014
本城秀次、野邑健二、岡田俊編『臨床児童青年精神医学ハンドブック』西村書店、2016
落合慈之監修、秋山剛、音羽健司編集『精神神経疾患ビジュアルブック』学研、2015

第8章　不安症群

1　不安と不安症（anxiety disorder）

　不安や恐怖とは誰しもが抱くものであり、対象がはっきりせず、漠然と何か悪いことが起きるのではないか、と感じる気分のことである。一方、恐怖とは対象が明確な不安と同様の気分のことである。不安の感じやすさには個人差があり、同じストレスを受けたとしても不安や恐怖を感じる人と感じない人がいる。このとき、適度な不安を感じることは生存のために有用である。例えば、交通量の多い道路を渡ろうとするとき、適度な不安を持っていれば安全に渡れるかどうか周囲を確認しようとするだろう。もし、不安が全くなければ周囲の安全確認を怠った結果、自動車とぶつかってしまうかもしれない。一方で不安が強すぎれば道路を横断しようという試みを諦めてしまうかもしれない。

　このように不安が強すぎて日常生活に支障を来すものを不安症群という。

　この中には分離不安症（家や家族と分離することへの不安や恐怖）、限局性恐怖症（飛行機に乗ることや高所、動物、注射針、血液などに対する過剰な恐怖）、社交不安症（社交場面での不安や恐怖、例えば結婚式のスピーチやセレモニーでの挨拶などに極度の不安や恐怖を感じ、心拍数の増加や震え、赤面、発汗、吐き気などの症状を認める）などがある。また、類縁の疾患にパニック症がある。

第2部 学校精神保健の基礎 各論

2 パニック症 (panic disorder)

　突然、動悸が起こり、または心拍数が増加し、発汗し、身震いや息苦しさを訴えるパニック発作を繰り返す疾患。このパニック発作は急激な不安や恐怖の高まりによって引き起こされる。これらの症状は不安症の症状と共通しており、いずれも自律神経の亢進によりみられる自律神経症状である。

パニック症と他の疾患の鑑別：他の身体的疾患や薬物においてもパニック症と同様の症状を示すことがある。身体疾患としては全身性疾患では甲状腺機能亢進症、喘息・慢性呼吸器疾患、虚血性心疾患・不整脈、感染症、褐色細胞腫との鑑別が必要である。また、頭蓋内疾患としては側頭葉てんかん、脳血管障害、脳腫瘍においても類似の症状を示す。薬物ではコルチコステロンの副作用として自律神経症状が起こりえる。また、カフェイン、アルコールその他の薬物においてもパニック症類似の症状が起こりえるので注意が必要である。

パニック症の治療：パニック症の治療では選択的セロトニン再取り込み阻害薬（SSRI）が第一選択薬として用いられる。その他、心理療法も行われる。

3 選択性緘黙 (selective mutism)

　家庭などで普段は普通にしゃべっている子どもがある場面になると一切しゃべらなくなる場合がある。特にこれが学校で生じると、教師に不真面目、反抗的という烙印を押されて問題が複雑になってしまうことがある。つまり、家庭ではしゃべれるのに学校ではしゃべれないという状況を教師が理解できず、児童生徒の作為的な反抗と受け取ってしまうことになる。

発症年齢は3～6歳に多く、男女比は1：2である。発症率は0.2％前後といわれている。大井らは選択的緘黙を3タイプに類型化し、タイプⅠを社会化欲求型、タイプⅡを社会化意欲薄弱型、タイプⅢを社会化意欲拒否型と分類している。

　タイプⅢ型では家族以外にコミュニケーションを拒絶するように求めない。家庭外での沈黙に加えて、家庭内でも選択的に沈黙する。家族の特徴として父親が専制的ないし閉じこもり的で、夫婦間で争いが絶えず、強い母子結合がみられる。養育態度は一貫性なく動揺する。コミュニケーションを避けるための沈黙ということである。

　タイプⅢでは統合失調症との関連が問題となりうる。

　治療は心理療法として遊戯療法、行動療法が選択されうるが、学校での対応が重要になる。例えば、不安軽減を目的に話すことを強要しない、仲間作りに重点を置き、非言語的ゲームなどを取り入れ、また、非言語的コミュニケーションの機会を増やす。学級を小グループに分割し、仲間意識が得られやすくする、その上で行動療法や言語治療なども取り入れてゆく必要がある。このためには学校や医療（医師、心理士、言語療法士など）、家庭が協力してチームとして協力体制を築くことが重要である。

4　強迫症 (OCD；Obsessive-Compulsive Disorder)

　強迫観念とは不適切で不合理な観念が自らの意志に反して繰り返し侵入して、そのことにより著しい不安を引き起こす。例えば、外出時にきちんとドアに鍵をかけただろうかと不安になってきちんと鍵がかかっていることを確認することは、そう珍しいことではない。しかし、強迫症の患者はドアに鍵がかかっているか確認しなければならないという気持ちが何度もわき上がってきて、その度にドアに鍵を確認せずにはおれなくなる。何度

もドアを確認しているうちに、結局、外出することができなくなってしまう。このような行為を強迫行為という。他にも、手にバイ菌がついているかどうかが気になって何度も、手がすりむけて赤くなるまで洗うという強迫行為を行う人もいる。

　小児の強迫症ではチックに関連した一群が存在することが知られている。

5　強迫症の治療

　強迫症の治療には薬物治療と心理療法が知られている。
　薬物治療としてはSSRIが用いられるが、子どもの強迫症についての報告例は少ない。心理療法としては認知行動療法が有効とされるが、薬物療法と認知行動療法の併用が有効であるという報告もある。

参考文献
高橋三郎、大野裕監訳　染矢俊幸、神庭重信、尾崎紀夫、三村將、村井俊哉訳『DSM-5®精神疾患の診断・統計マニュアル』医学書院、2014
本城秀次、野邑健二、岡田俊編『臨床児童青年精神医学ハンドブック』西村書店、2016
落合慈之監修、秋山剛、音羽健司編集『精神神経疾患ビジュアルブック』学研、2015

第9章　睡眠障害

1　子どもと睡眠

　近年、24時間営業の店舗の増加や深夜放送の普及で都市が「眠らない町」化していることを受けて、成人に限らず子どもの睡眠時間も減少傾向である。また、睡眠の質の調査でも悪化傾向を示しているといわれている。ここでは睡眠障害に関わる疾患について、主な疾患を簡単に述べる。

2　ナルコレプシー

　日中、突然抗しがたい眠気に襲われて眠り込んでしまう。思春期に多い。有病率は0.16～0.18％で遺伝的要因が関与しているといわれる。主症状は睡眠発作（日中に耐えがたい眠気が襲い、食事中や歩行中でも急に眠り込んでしまう）、情動脱力発作（笑ったり怒ったりという情動の動きと共に突然、筋緊張が低下し、脱力を来す発作であるが、てんかん性の欠神発作等とは異なり、意識は明瞭に保たれており、脳波上、突発波は認めない。通常、発作は数秒から数分続く）、入眠時幻覚（入眠時に非常に現実味の強い幻覚や幻聴を体験する）、睡眠麻痺（いわゆる「金縛り」のことである）。

　治療としては生活指導によりしっかりと睡眠習慣を付けることがあり、薬物療法としてはメチルフェニデートなど覚醒作用のある薬剤や三環系抗うつ薬を用いる。

第2部 学校精神保健の基礎 各論

3 反復性過眠症

　日中の強い眠気を主症状とする。患者の多くは男性で10歳代に発症し、30歳代頃には自然軽快することが多い。年に数回、1週間ほど続く傾眠状態を繰り返す。

4 睡眠時無呼吸症候群

　低換気のため、睡眠が分断され、過剰な眠気が生じる。判断力や集中力が低下する場合もある。小児期にはアデノイド肥大などが原因となる。また、肥満はリスクファクターである。治療としてはCPAP（持続陽圧呼吸療法）や手術などがある。

5 むずむず脚症候群 (RLS；Restless Legs Syndrome)

　10～20歳代で発症し、入眠時に脚に虫の這い回るような不快感を訴え、不眠が生じる。脳内神経伝達物質であるドーパミンの機能異常が原因とされる。治療はドーパミン作動薬を使用する。

6 概日リズム睡眠障害

　睡眠時間帯の異常による睡眠障害。思春期、青年期に発症する。睡眠リズムが後方にずれることで朝方まで入眠できず、一旦入眠すると昼頃まで眠ってしまう。そのため、不登校の原因にもなる。また、授業中の居眠りの原因ともなる。
　治療としてはVitB12が有効である。

7　夜驚症 (night terror)

　睡眠時随伴症の一つで、入眠後1〜2時間して急に叫び声と共に起き上がり、手足をばたつかせるなど、興奮した行動を示す。数分から十数分で再び入眠し、翌朝には覚えていないことが多い。3〜8歳の男児に多い。

8　睡眠時遊行症

　夜中に突然起き上がって歩き回り、外に出て行くこともある。入眠後1〜3時間以内に出現し、数分から数十分続く。意識混濁があり、話しかけても反応に乏しく、しっかり覚醒させることも困難である。通常は反復的で無目的な行動が多いが、屋根に登ったり火を付けたりするなど危険な行動を取る場合もある。

9　悪夢障害 (nightmare disorder)

　恐ろしい夢を見てその恐怖感と共に目覚めることを繰り返す。覚醒後に夢の内容を明確に想起できる。

参考文献
高橋三郎、大野裕監訳　染矢俊幸、神庭重信、尾崎紀夫、三村將、村井俊哉訳『DSM-5®精神疾患の診断・統計マニュアル』医学書院、2014
本城秀次、野邑健二、岡田俊編『臨床児童青年精神医学ハンドブック』西村書店、2016
落合慈之監修、秋山剛、音羽健司編集『精神神経疾患ビジュアルブック』学研、2015

第10章　心身症

1　心身症とは

　小児期は心身の関係が未熟、未分化であり、精神的ストレスが身体症状化しやすい。成人や青年期では精神的な悩みとして自覚され、表現される問題であったとしても小児期には特に年少児ほどストレッサー耐性が低く、身体症状として自覚され、表現されやすく、精神的な問題は隠れやすい。疾患により何らかの利得が得られるとその症状が続くようになってしまうことがある。例えば、頭痛を訴えた結果、幼稚園を休むことができた児はその後も頻回に頭痛を訴えるようになることがある。その頭痛は幼稚園を休むことが決定するといつの間にか軽快する。検査を行っても本人の訴える症状と理学的所見や検査所見が合わないことが多い。その他、症状が多彩である割に重症感がない、症状の場所や程度が移動しやすいなどの特徴があると心身症を疑いやすくなる。

　注意すべきことはそのような訴えがあったとしても頭から心身症と決めつけてしまうと重篤な器質的疾患を見逃す場合がある。心身症は除外診断として診断されるべきである。

　心身症と診断された児童に例えば「あなたは仮病だ」とか「本当は何の症状もないのでしょう」と言ったとしても状況を悪化させることになるかもしれないが、状況を改善させることはほとんどない。患児は実際に苦しんでいるということを前提に、心身症を引き起こしている精神的ストレスの元を探り当ててそれを改善することを試みるべきである。

参考文献
日本小児心身医学会編『小児心身医学会ガイドライン集（改訂第2版)』
南江堂、2015

第2部　学校精神保健の基礎　各論

第11章　てんかん

1　てんかんとは

　2005年の国際抗てんかん連盟（ILAE）の概念的定義は「てんかん発作は一過性に出現する兆候であり、脳の過剰なあるいは同期した異常な神経細胞の活動によって起こる。てんかんとはてんかん発作を引き起こす持続性素因を特徴とする脳の障害であり、神経生物学的、認知的、心理学的、この状態の及ぼす社会的な重大性により特徴付けられる」とされ、てんかんと定義づけるためには「少なくとも1回のてんかん発作が必要である」とされた。

2　てんかんの分類

　てんかんは症候性てんかんと特発性てんかんに大きく分類される。症候性てんかんは中枢神経の損傷、奇形・形成異常、脳腫瘍など、画像診断にて発見しうる病変が原因であるといわれている。一方で、特発性てんかんは内因性である。この中には多因子遺伝や遺伝子異常が原因のものが含まれる。

3　てんかん発作の分類

　てんかん発作は大きく部分発作（局在関連発作）と全般発作に分類される。部分発作は身体の一部で発作が起こるもので、意識消失を伴わない単純部分発作と意識消失を伴う複雑部分発作に分類される。複雑部分発作で

は発作前に異常な感覚を伴うオーラを認めたり、意識減損してから身体を動かす自動症を認めたりする。自動症では多くは無目的な身体の動きを認めるが、時には自転車に乗って学校から自宅に帰るなど、一見意識があるかのような行動を取る者もいる。全般発作は全身の筋肉が強直する強直発作と、1〜2秒の周期で四肢の筋を収縮してがくがくと震わせる間代発作、その組み合わせである強直間代発作が有名である。その他、筋肉を素早く動かすミオクロニー発作、意識消失を主症状とする欠神発作、全身の筋肉の力が抜ける脱力発作などを認める。

4　検　査

　てんかんの診断にはまず詳細な問診が必要である。発作がどのように始まったか、どのような症状を示したか、どのくらいの時間続いたのか、発作後はどのようであったか、発作前の発熱の有無、発作を起こす時間や発作の頻度について詳しく知ることが診断に繋がる。

　生理学的検査としては脳波検査が重要である。脳波検査は頭皮上に置いた電極で微弱な電流を検出することで神経細胞の異常興奮を検出することができる。頭皮上に多くの電極を置くことで空間分解能を上げることができ、より詳細な脳波パターンを測定することができる。脳波検査を行うのは一般には発作を起こしていない発作間欠期であるが、ビデオ脳波を使用することで発作時の脳波を確認することができ、発作と異常脳波が同期していることを証明できればてんかんの診断が確定できる。

　画像検査は症候性てんかんの鑑別のために有用である。検査にはCTスキャンやMRI検査を行うことがある。また、発作焦点を特定するためにSPECTやPETなどのRIを用いた検査や脳磁図を測定することもある。

5 合併症

 てんかんの合併症として他の精神疾患の割合は多い。特に、発達障害におけるてんかんの合併は30％から40％といわれており、重要である。逆にてんかん患者で発達障害を合併するのは5％程度だといわれる。

6 治 療

薬物療法：てんかん治療の基本は薬物療法であり、多くの抗てんかん剤が開発されている。発作型に応じて部分発作ではカルバマゼピン、全般発作ではバルプロ酸が第一選択薬として使用される。これらの薬剤で十分に発作が抑制されなかった場合には第二選択薬以下の薬剤が検討される。難治てんかんの場合には単剤では十分な治療効果が得られないので多剤治療が行われることがある。

参考文献

Fisher RS1, Acevedo C, Arzimanoglou A, Bogacz A et al., ILAE official report: a practical clinical definition of epilepsy. Epilepsia. 2014 Apr; 55 (4): 475-82

第12章　虐　待

1　児童虐待 (child abuse)

　子どもたちを不当に扱うこと、児童の濫用を児童虐待という。広義の児童虐待にはネグレクト、身体的虐待、心理的虐待、性的虐待が含まれている。最近ではマルトリートメント（Maltreatment）という言葉の使用が推奨されている。健康、生存権、発達に害をなし、人格形成に関わる人間関係や真実から子どもを遠ざけることが含まれる。子どもと密接に関わる人への暴力もマルトリートメントとすることもある。

2　児童虐待防止法（平成12年；抜粋）

第一条　この法律は、児童虐待が児童の人権を著しく侵害し、その心身の成長及び人格の形成に重大な影響を与えるとともに、我が国における将来の世代の育成にも懸念を及ぼすことにかんがみ、児童に対する虐待の禁止、児童虐待の予防及び早期発見その他の児童虐待の防止に関する国及び地方公共団体の責務、児童虐待を受けた児童の保護及び自立の支援のための措置等を定めることにより、児童虐待の防止等に関する施策を促進し、もって児童の権利利益の擁護に資することを目的とする。

第二条　この法律において、「児童虐待」とは、保護者（親権を行う者、未成年後見人その他の者で、児童を現に監護するものをいう。以下同じ。）がその監護する児童（十八歳に満たない者をいう。以下同じ。）について行う次に掲げる行為をいう。

第2部　学校精神保健の基礎　各論

一　児童の身体に外傷が生じ、又は生じるおそれのある暴行を加えること。
二　児童にわいせつな行為をすること又は児童をしてわいせつな行為をさせること。
三　児童の心身の正常な発達を妨げるような著しい減食又は長時間の放置、保護者以外の同居人による前二号又は次号に掲げる行為と同様の行為の放置その他の保護者としての監護を著しく怠ること。
四　児童に対する著しい暴言又は著しく拒絶的な対応、児童が同居する家庭における配偶者に対する暴力（配偶者（婚姻の届出をしていないが、事実上婚姻関係と同様の事情にある者を含む。）の身体に対する不法な攻撃であって生命又は身体に危害を及ぼすもの及びこれに準ずる心身に有害な影響を及ぼす言動をいう。）その他の児童に著しい心理的外傷を与える言動を行うこと。

第三条　何人も、児童に対し、虐待をしてはならない。

3　身体的虐待

　殴られる、蹴られる、ものを投げつけられる、もので叩かれる、やけどを負わされるなどの身体を狙って侵される虐待のこと。あざや火傷痕は衣服などで隠されているが、健康診断の診察などで発見されることがある。身体に異常を発見したときには児童相談所へ通報の義務がある。
　その他、不自然なけがや骨折（特に大腿骨骨幹骨折など）は虐待を疑う必要がある。

4　体罰はしつけ？　虐待？

　「児童虐待の防止等に関する法律」により、子ども虐待の定義は、身体的虐待、性的虐待、ネグレクト、心理的虐待となった。しかしこの定義が明らかになっても、なお、子ども虐待とはなんぞや、と考えさせられる場面がある。それは、虐待としつけの違いについてである。虐待としつけ。この二者間には、しっかりと線引きできないグレーゾーンが存在する。しかし、多数の事例に関わってきた福祉、保健関係者や精神科医、小児科医などが言うように「子どもが耐え難い苦痛を感じることであれば、それは虐待である」と考えるべきであろう。

　保護者が子どものためだと考えていても、過剰な教育や厳しいしつけによって子どもの心や体の発達が阻害されるほどであれば、あくまで子どもの側に立って判断し、虐待と捉えるべきである。

5　心理的虐待

　子どもに対して繰り返して「バカだ」とか「クズだ」などと悪口を言ったり脅したり、罵ったり、軽くあしらうなど、子どもの「こころ」を侵害する行為。言葉による虐待であるため、verbal abuse（バーバル・アビューズ；言葉の暴力、言葉による虐待）とよばれる。日本では心理的虐待が最も多いとされる。

6　ネグレクト

　子どもの基本的な世話をせずに放置しておくこと。ネグレクトには様々な種類がある。

第2部　学校精神保健の基礎　各論

身体的ネグレクト：子どもに食事をさせなかったりお風呂に入れなかったりと子どもが成長するための身体的ニーズを満たさないこと。
精神的ネグレクト：子どもが泣いているのにもかかわらず無視し続けるなど、精神的ニーズを満たさないこと。
医療的ネグレクト：病気でも医者に連れて行かない。
　家庭状況・宗教・文化などにより判断は異なりうる。

7　性的虐待

　性的虐待の定義はとても広く、性交渉を強要されることから性器やポルノグラフィを見せることまですべて性的虐待と見なされる。
　性的虐待を受ける頻度は女子が男子より2〜3倍高いと見られている。しかしながら被害者が打ち明けにくいもしくは性的虐待を行っていても性的虐待であるという認識を持っていないなどのことから虐待自体が浮上しにくく正確な数字はつかみにくい。欧米での頻度は高い。男児の被害者は少数いるが見過ごされがちである。

8　虐待の連鎖

　子ども時代に虐待を受けた被害者はその影響が長期間続くといわれている。その原因の一つは報酬系への影響により報酬感受性が低下することであると考えられている（友田ら）。虐待を受けた人が親になると子どもに虐待を行う傾向が指摘されている（渡辺ら）。社会的な環境要因の整備や早期の介入がなされないと児童虐待の犠牲者が世代を超えて受け継がれる可能性が増加し、世代間連鎖を生み出すかもしれない。これらの因子は「非遺伝要因」によるものと考えられている。虐待の世代間連鎖を防ぐた

めには虐待を受けた人が自分の記憶を過去のものであると認識し、現在の現実と混同することのないようにしなければならない。

9　虐待を防ぐには ── 子育ての困難化

　日本ではプライバシー権の発達など、私的領域の拡大により地域社会は衰退している。子育てにおいても社会の共同的な営みであるという意識は失われつつあり、むしろ、親の私的な営みであるという認識が一般化しつつある。例えば、公共でよその子どもの不行儀を叱る大人はほとんどいなくなり、今ではそういうことをすると親から越権行為となじられる可能性も高くなっている。一方で幼稚園や保育園、公園で子どもたちが上げる声を「騒音である」と認識する人も増えたため、あちこちでトラブルとなっている。少年犯罪においても社会問題として捉えるよりも犯人の少年を育てた「親の責任」を追求する声がマスコミや論壇から上がっている。また、最近は「キラキラネーム」や子どもの名前の難読化が話題となっており、子どもが親の私的な願望を満たす媒体となっている可能性がある。かつてのイエ制度ではイエの存続を優先して養子縁組みをすることが普通に行われていたが、現在、イエ制度は既に存在しないため、他人の子どもを養子として迎えるよりも自分の子どもを育てたいという意識が親の方に高まっており、養子制度は衰退している。

　その結果、支えられない家庭での子どもの育ちが難しくなっている。子育ては密室化し、親の方針が最優先され、その方針が適切であるかどうかの検証はなされない。また、核家族化の進行により親が助言を求めようとしても助言を求める場所や人は失われつつある。その結果、育児不安の高まりと共に不適切な育児の二極化が進んでいるといえる。

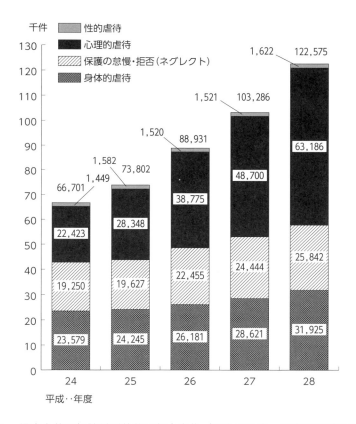

図1 児童虐待の相談種別件数の年次変化（厚生労働省 平成28年度福祉行政報告例の概況より引用）

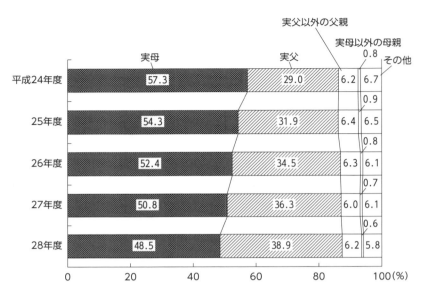

図2 児童虐待相談における主な虐待者別構成割合の年次推移（出典は同上）

参考文献

友田明美『いやされない傷―児童虐待と傷ついていく脳』診断と治療社、2006

渡辺久子『母子臨床と世代間伝達（新訂増補版）』金剛出版、2016

友田明美『子どもの脳を傷つける親たち』NHK出版新書、2017

第13章　不登校、自傷、自殺、インターネット依存

1　不登校

　広辞苑第6版によると不登校とは「児童生徒が様々な原因・理由で学校に行かなくなったり、行けなくなったりする現象の総称。登校拒否。」と説明されている。

　文部科学省の平成28年度の調査では平成25年度の不登校の人数は134,398名（小学生31,151名、中学生103,247名）であり全体の1.4％に相当する。不登校の継続理由では本人に係る要因として「学校における人間関係」に課題を抱えている群：16.8％、「遊び・非行」の傾向がある群：4.8％、「無気力」の傾向がある群：30.2％、「不安」の傾向がある群：31.1％、その他17.2％であった。

　かつては登校拒否という名称で表現され、児童生徒が積極的に学校を拒否するという事例が問題にされたが、現在はむしろ不安型や無気力型が大勢を占めるようである。

　学校による指導の効果としては、指導の効果により登校できるようになった生徒が28.1％、指導中の生徒が71.9％ということであるが、指導中のうち、未だ登校には至らないものの好ましい変化がみられるようになった児童生徒が20.6％存在した。また、学校外の機関等で相談指導を受け、指導要録上出席扱いとした児童生徒、自宅におけるIT等を活用した学習活動を指導要録上出席扱いとした児童生徒もいた。

2 中一ギャップ?

　先ほどの不登校のデータにおいても小学生の不登校に比べて中学生の不登校がおよそ3倍と増加している。このことを指して中一ギャップと呼ぶ向きもある。この中では、中学という新しい環境への不安感やいじめ被害の増加、学業の負担の増加などにより不登校が増えるとされている。これに対し、文部科学省の国立教育政策研究所からはいじめの経験率はむしろ小学校時代の方が多いことを示しており、不登校についても、中学校で不登校になった児童を検討すると、病欠や保健室登校を考慮に入れると50%の児童が既に小学生の時期から不登校のリスクが高かったことを明らかにしており、中学校で顕在化する問題は既に小学校時代に現れており、小学校で適切に対処できなかったという、いわゆる積み残しの問題があるのではないかということを指摘している。

3　いじめ・不登校と発達障害

　自閉症スペクトラム障害においていじめの被害者になったり不登校になったりする児童生徒は珍しくはない。杉山らの報告（2010）では自験例550例のうち不登校を認めたのは68例（12.4%）であった。発達障害における不登校の理由は以下のようなものであった。不登校の原因：①カリキュラムが患児の学力に合わなくなって学校生活を忌避するようになった。②いじめの被害者になり登校できなくなった。③嫌なことはやらないということで登校を拒否するもの。

4　保健室登校

　保健室登校とは、学校に登校できたとしても教室には入れない不登校児が保健室に登校することである。

　保健室は教室以外の不登校児の「居場所」として機能しうる。もちろん、校長室でも生徒指導室でも子ども達が「居場所」と感じられるところならどこでもいい。しんどくなった子ども達が逃げ込める「居場所」としての保健室。そこから家の話になり、地域支援の話へと展開できればもっといい。

①日常的恐怖レベル：睡眠も食事も安定しない。人混みも電車も苦痛である。登校は無理で生きてゆくことが当面の課題。
②日常的不安レベル：教師や同級生にも不安を抱き、登校できないことが多い。
③日常的緊張レベル：登校できているが緊張による疲れでしばしば悪化する。
④日常を穏やかに受け止められるレベル：人の話を普通に聞くことができ、競争もできる。
⑤批判や失敗にも耐えられるレベル：期待と意欲をもち、周囲にも思いを表現できる。

　不登校は①②のレベル。学校教育の前提は④である。保健室登校は②から③のレベルであるが、それ以上悪化させないということを主眼に置き、無理に教室へ連れて行かないことも重要である。もし本人が教室へ行くと自分から言い出せばその方が望ましいが、例え、本人に意欲があったとしても実際に行ってみるとやはり難しいこともある。そういうときにも安心して帰っていける場としての保健室を設定することが望ましい。

5 非自殺的な自傷行為

　自分の身体の表面に浅いが痛みを伴う傷を繰り返し加えるという特徴を持つ。例えばリストカットやタバコの火を押しつけるというのが典型的な自傷行為に当たる。これは緊張や不安が高まったとき、もしくは対人関係の困難を回避するために行われる。この行動は10代頃に開始され、20代にも継続する可能性がある。

6 自殺企図・自殺

　自殺は若年者の死因の上位を占めることもあり、常に重要な問題として対応の必要に迫られる。自殺企図は自傷とは異なり、少なくともある程度は死ぬ意図を持って行った行為である。本人の知識不足により、もしくはためらいによりその意図が幸いにして失敗に終わったとしてもそれは自殺企図に含めるべきである。自殺企図は他の精神疾患の併存症としても重要である。自殺企図を行った者の2～3割はさらに自殺企図を続ける。

7 インターネット依存

　インターネット依存とは：インターネットに過度に没入してしまうあまり、コンピューターや携帯が使用できないと何らかの情緒的苛立ちを感じること、また実生活における人間関係を煩わしく感じ、通常の対人関係や日常生活の心身状態に弊害が生じているにもかかわらず、インターネットに精神的に依存してしまう状態。類似する状況としてアルコール依存、ギャンブル依存などがある。

　中国ではインターネット依存の青少年が1300万人以上に上り、治療施設

も300を超えているという。また韓国では、2011年5月の政府の発表によると、小学4年生、中学1年生、高校1年生を対象とした全国調査では、その4.94%にあたる89,755人にネット依存の危険性がみられたという。

我が国においてもインターネットおよびネットゲームに依存する者は拡がりをみせている。

参考文献

文部科学省平成28年度「児童生徒の問題行動・不登校等生徒指導上の諸課題に関する調査」結果（速報値）について（http://www.mext.go.jp/b_menu/houdou/29/10/1397646.htm）

佐伯敏光「不登校という育ちと学校」『こころの科学No.151』pp18-22、日本評論社、2010

文部科学省国立教育政策研究所　生徒指導リーフLeaf.15「中1ギャップの真実」（http://www.nier.go.jp/shido/leaf/leaf15.pdf）

杉山登志郎「いじめ・不登校と高機能広汎性発達障害」『こころの科学No.151』pp64-69、日本評論社、2010

第14章　酒、タバコ、薬物

1　飲酒・喫煙について

　大井田らの未成年の飲酒、喫煙状況に関する実態調査（2012）では、中高生において男女とも飲酒・喫煙の経験率は減少している。特に喫煙については全国的な禁煙運動の高まりや喫煙の害についての啓蒙運動により知識が広まったこと、たばこ税の値上げによる高コスト化が喫煙率の低下に寄与しているようである。

2　違法薬物について

　いくつかの薬物は違法薬物として取り締まりの対象になっている。また、その他の化学物質や薬物でも用法、用量を守らずに使用すると乱用と見なされ、犯罪に当たることがある。

　違法薬物には覚醒剤やLSD、ヘロイン、コカイン、アヘンなどがあり、一度でも使用すると依存を生じ、薬物なしではいられなくなってしまう。終戦直後にはこれらの違法薬物が使用され、社会問題となった。現在でも暴力団や犯罪組織の収入源として違法に流通されていることがある。一時期はシンナーやトルエンなどの有機溶剤の吸引が流行した。最近はMDMAやマジックマッシュルームの流行があり、取り締まりが強化された。最近では大麻がゲートウェイドラッグとして問題になっている。大麻は依存性が強くないと最初に麻薬の使用として誘われやすい物質である。しかし、大麻成分が大脳に不可逆的障害を引き起こす可能性が報告されており、また、連用すると大麻精神病を引き起こすことが知られており、危

第2部　学校精神保健の基礎　各論

険な物質であることに変わりはない。決して使用してはいけない物質である。最近は限界集落において大麻栽培を行ったグループが摘発されている。

3　ダメ、ゼッタイ

　麻薬、違法薬物については一度でも使用すると依存が起こり、薬から離脱することが非常に困難になるので誘われたとしても絶対に断ることが重要である。学校内でこういう事例が起こったときには担任だけでなく養護教諭や他の職員も連携して問題解決に当たり被害者の拡がりを防ぐべきである。

　薬剤の使用では依存だけでなく、一度に大量の薬物を摂取すると急性中毒が起こり、死の危険がある。また、連用を続けると耐性が起こり同じ効果を得るためにより大量の薬物が必要になってくる。退薬症状として、薬が切れると薬が欲しくてたまらなくなるという症状が起こる。そのため、次の薬物を探す行動を起こし、どんなことをしても薬を手に入れようとする（慢性中毒）あまり他の犯罪を犯す人も現れる。

4　薬物中毒への対応

　薬物中毒に至ってしまった人は、刑法違反として刑事責任を負うと共に、薬物中毒患者として治療の対象になる。しかし、一旦異常となった神経系は元に戻ることがないので薬物の再使用をしないように自己コントロールし続けることが重要になってくる。また、薬物を使用していたときの人間関係を続けると再使用の危険性が大きくなるので、一旦完全に人間関係を清算し、薬物を使用しない新たな人間関係を構築する必要がある。

参考文献

大井田隆、箕輪真澄、鈴木健二、樋口進、兼坂佳孝、神田秀幸、尾崎米厚「未成年の喫煙・飲酒状況に関する実態調査研究」

厚生労働省「知ることからはじめよう　みんなのメンタルヘルス　薬物依存症」（http://www.mhlw.go.jp/kokoro/speciality/detail_drug.html）

第3部
教育制度・教育相談その他

第15章　インクルーシブ教育

1　障害者の権利に関する条約（国連；2008）

　この条約は障害者の人権及び基本的自由の享有を確保し、障害者の固有の尊厳の尊重を促進することを目的として、障害者の権利の実現のための措置等について定める条約である。この条約の主な内容としては一般原則として障害者の尊厳、自律及び自立の尊重、無差別、社会への完全かつ効果的な参加及び包容等を定め、一般的義務として障害に基づくいかなる差別もなしにすべての障害者のあらゆる人権及び基本的自由を完全に実現するために、合理的配慮の実施を完全に実現することを確保し、及び促進すること等、また、障害者の権利実現のための措置（身体の自由、拷問の禁止、表現の自由等の自由権的権利及び教育、労働等の社会権的権利について締約国がとるべき措置等を規定）、条約の実施のための仕組みがある。

　日本では2007年にこの条約に署名し、2014年に発効している。

2　インクルーシブ教育システムと合理的配慮

　上記条約の締結により新しい教育システムを導入したものがインクルーシブ教育システムである。すなわち、共生社会の形成に向けて、個々の子どもの教育的ニーズを把握し、能力を最大限まで高めることを目指すと共に、可能な限り、障害のある子と障害のない子が共に学ぶことができるようにするために「合理的配慮」とその基礎となる「基礎的環境整備」が必要であるとされた。（中央教育審議会初等中等教育分科会「共生社会の形成に向けたインクルーシブ教育システムの構築のための特別支援教育の推

第3部 教育制度・教育相談その他

進（報告）」平成24年7月）

　ここで合理的配慮とは「障害のある子どもが、他の子どもと平等に教育を受ける権利を享有・行使することを確保するために、学校の設置者及び学校が必要かつ適当な変更・調整を行うことであり、障害のある子どもに対し、その状況に応じて、学校教育を受ける場合に個別に必要とされるもの」である。これは「学校の設置者及び学校に対して、体制面、財政面において均衡を失したまたは過度の負担を課さないもの」とされている。

3　障害を理由とする差別の解消の推進に関する法律（平成25年；抜粋）

第一条　この法律は、障害者基本法の基本的な理念にのっとり、全ての障害者が、障害者でない者と等しく、基本的人権を享有する個人としてその尊厳が重んぜられ、その尊厳にふさわしい生活を保障される権利を有することを踏まえ、障害を理由とする差別の解消の推進に関する基本的な事項、行政機関等及び事業者における障害を理由とする差別を解消するための措置等を定めることにより、障害を理由とする差別の解消を推進し、もって全ての国民が、障害の有無によって分け隔てられることなく、相互に人格と個性を尊重し合いながら共生する社会の実現に資することを目的とする。

第七条　行政機関等は、その事務又は事業を行うに当たり、障害を理由として障害者でない者と不当な差別的取扱いをすることにより、障害者の権利利益を侵害してはならない。

　2　行政機関等は、その事務又は事業を行うに当たり、障害者から現に社会的障壁の除去を必要としている旨の意思の表明があった場合において、その実施に伴う負担が過重でないときは、障害者の権利利益を侵害することとならないよう、当該障害者の性別、年齢及び障

害の状態に応じて、<u>社会的障壁の除去の実施について必要かつ合理的な配慮をしなければならない。</u>
第八条 事業者は、その事業を行うに当たり、障害を理由として障害者でない者と不当な差別的取扱いをすることにより、障害者の権利利益を侵害してはならない。
2 事業者は、その事業を行うに当たり、障害者から現に社会的障壁の除去を必要としている旨の意思の表明があった場合において、その実施に伴う負担が過重でないときは、障害者の権利利益を侵害することとならないよう、当該障害者の性別、年齢及び障害の状態に応じて、<u>社会的障壁の除去の実施について必要かつ合理的な配慮をするように努めなければならない。</u>

下線部に合理的配慮の実施義務（事業者は努力義務）が明記された。

4 特別支援教育

平成19年より実施されている。それまで養護学校、盲学校、聾学校であったものを特別支援学校に統合し、普通学校に置かれていた特殊学級を特別支援学級とし、各生徒について、必要な授業のみ特別支援学級を利用し、その他は普通学級で授業を受けることのできる、いわゆる通級を可能とした。これは、知的障害者や肢体不自由児、病弱者だけでなく、発達障害という新しいニーズに対応したものである。平成18年には学校教育法施行規則を一部改正し、それまで情緒障害者に含まれていた「自閉症者」を独立して明記し、学習障害者や注意欠陥多動性障害の子どもも対象として明記されている。特別支援教育では障害のある子どもも普通学校を選ぶか特別支援学校を選ぶか、どの学校に進学できるか自分たちの希望で選択で

きる。普通学校を選んだ場合、学校側はそれぞれの事情を相談して障害のある子どもと障害のない子どもが一緒に学べるように合理的配慮を行う義務がある。

参考文献
丹羽　登「学校精神保健に関する行政の動き」『精神科治療学31（4）』435-441、星和書店、2016
田中裕一「インクルーシブ教育システム構築のための特別支援教育の推進と合理的配慮の提供」『精神科治療学31（4）』443-448、星和書店、2016
外務省総合外交政策局人権人道課「障害者の権利に関する条約」2016
　(http://www.mofa.go.jp/mofaj/gaiko/jinken/index_shogaisha.html)

第16章　健康相談

1　健康相談とは

　学校精神保健において健康相談は重要な柱である。健康相談を行うことは児童生徒の心身の健康に関する問題を連携して解決することで学校生活によりよく適応できるように支援する意味を持つと共に、相談した児童生徒が自己の問題を自分自身で解決してゆく課程で人間的成長に繋がる可能性があるためである。

2　健康相談の根拠

　健康相談を行う根拠は学校保健安全法にある。以下にその抜粋を示す。

学校保健安全法（昭和33年；抜粋）
（健康相談）
第八条　学校においては、児童生徒等の心身の健康に関し、健康相談を行うものとする。
（保健指導）
第九条　養護教諭その他の職員は、相互に連携して、健康相談又は児童生徒等の健康状態の日常的な観察により、児童生徒等の心身の状況を把握し、健康上の問題があると認めるときは、遅滞なく、当該児童生徒等に対して必要な指導を行うとともに、必要に応じ、その保護者（学校教育法第十六条に規定する保護者をいう。第二十四条及び第三十条において同じ。）に対して必要な助言を行うものとする。

第3部　教育制度・教育相談その他

（地域の医療機関等との連携）
第十条　学校においては、救急処置、健康相談又は保健指導を行うに当たつては、必要に応じ、当該学校の所在する地域の医療機関その他の関係機関との連携を図るよう努めるものとする。

3　健康相談の対象

　健康相談を受ける対象となる者としては大きく児童生徒とその保護者に分けられる。児童生徒については、日常より心身の状況を把握して健康相談の必要な児童生徒を選別し、健康相談を行わねばならない。具体的には健康診断の結果、継続的な観察指導が必要となった者、保健室等での児童生徒の対応を通して健康相談の必要があると判断された者、日常的な観察の結果、継続的な観察指導を必要とする者、学校行事に参加させる場合に必要と認めた者である。また本人もしくは保護者からの健康相談の希望があった時には相談を行う。

4　相談に当たっての基本事項

　健康相談を行うのは担任や養護教諭であることが多いが、他のスタッフが相談を受けることも可能である。児童生徒がその先生を信頼できると思って相談するわけである。しかし、問題が重大であったり複雑であったりした場合には養護教諭などがコーディネーターとして関わり、適切な役割分担を行うこともあるかもしれない。
　相談の場所に限定はないが、健康相談という性質上、プライベートに話が及ぶ可能性があるため、プライバシーを保つことのできる静かな部屋で行うことが望ましい。

相談に当たっては児童生徒や保護者が話しやすいように受容的な態度を保つべきである。先入観によって決めつけたような態度を見せることは厳禁である。しかし、問題解決のためには情報が必要であるので、情報収集を目的として質問することは推奨されるべきである。また、教員からの意見や助言に関して伝えることも構わない。特に、相談者が知識不足からの不安がある場合には必要な知識を伝えることで不安が解消し、解決に向けて進む場合もある。

　児童生徒からの相談の場合には、本人にとって勇気をふるってきている場合があるのでその機会を失わないよう、できるだけその場で時間を作って相談することが理想である。もし、どうしても時間が作れない場合には事情を説明して別の相談日時を約束して児童生徒との関係性を継続させる必要がある。また、守秘義務について説明することで児童生徒が安心してしゃべれるようになることがある。（教員が公務員の場合、守秘義務は当然課せられているので不用意に情報を漏らすことは法律違反に当たる）チームで連携して問題解決に当たらねばならない場合には他の教員間で情報を共有せねばならない場合があるが、その場合にはあらかじめ本人に連携のため必要な部分について他の教員に知らせることを伝え、本人から承諾を得るべきである。

5　相談時間

　児童生徒が相談で訴える内容は年齢により表現力が未熟であったり、相談しているうちに児童生徒が本当に訴えたいことにたどり着いたりする場合があるので、最初は真に訴えたいことが伝わりにくい場合がある。この時、教員はまず傾聴し、児童生徒が話しやすくなるような質問を心がけるべきである。YesかNoかの答えを迫ったり尋問のような質問をおこなった

第3部 教育制度・教育相談その他

りすることは避けるべきである。話の中に明らかに非難されるべき事項があったとしても直接的に批判したり非難したりすることは避けるべきであり、それより話を引き出すことに意識を使うべきである。児童生徒の話が深刻でありどうしても時間が延びることはあり得るが、長く相談を続けると集中力が低下して同じ話の繰り返しになったり、悲観的な判断に陥ったりすることもあるので1回の相談時間はできるだけ50〜60分以内にして、次回の相談日を設定すべきであろう。

6 保護者からの相談

　保護者からの相談においても基本は同じである。相談する保護者は我が子のことについて、何らかの悩みや困ったことを抱えていて相談に来るわけである。相談においてまず行うべきことは保護者の話を傾聴することである。何に困っているのか、悩んでいることは何かということを見つけ出すことである。表面に見えていることは我が子に変調が起きて保護者自身では解決できないことによる焦りや混乱であるかもしれない。子どもも辛ければ親も辛いわけである。そのことをしっかり理解して受けとめることが支援の第一歩につながるかもしれない。当然のことながら、学校からの見え方と家庭での見え方は異なっており、学校ができる支援と家庭で行える支援も異なっているのでそれぞれには限界があることを認識すべきである。お互いの立場を尊重し、協調して解決に向かうならば支援の効果は大きくなる可能性がある。

7 チームによる支援

　学校での精神保健については最近、スクール・カウンセラーやスクー

ル・ソーシャルワーカーなどの導入が進んでおり、養護教諭や担任も含めて多職種での支援が可能になっている。様々な問題を抱える児童生徒についてケース会議を開催して多職種からの意見を得ることで、また、学校外の様々な機関との連携を図ることで問題解決への取り組みが進むことがあるかもしれない。このように多職種の連携を図り、連絡調整を行うために教育相談コーディネーターという役割が学校内に求められている。学校内で教育相談コーディネーターに適任であるのは養護教諭や保健担当教員である。

参考文献
文部科学省「教職員のための子どもの健康相談及び保健指導の手引」
（http://www.mext.go.jp/a_menu/kenko/hoken/1309933.htm）
大芦治『教育相談　学校精神保健の基礎知識』ナカニシヤ出版、2008

第3部 教育制度・教育相談その他

第17章　教職員のメンタルヘルス

1　教職員の休職者数と精神疾患

　平成28年度公立学校教職員の人事行政状況調査によると教職員の精神疾患による休職者数は4,891人で、平成19年からおよそ5,000人前後を推移している。これは全教育職員の0.53%であった。

　文部科学省による教員のメンタルヘルスケア対策については平成25年に教職員のメンタルヘルス対策検討会議による教職員のメンタルヘルス対策について（最終まとめ）が報告されている。
　この報告によると、教職員に精神疾患による休職者が続出している現状は業務量の増加と業務の質の困難化を背景としている。業務量の増加としては、保護者との関わりなど教育活動以外の用務の増加、提出しなければならない報告書の増加などがあげられている。また業務の質の困難化としては生徒指導上の諸問題が増加し、保護者や地域との関係において困難な対応を求められるようになっていることもあり、新たな知識や技能の習得が求められるようになっている。

2　メンタルヘルスケアのための予防的対策

1）**セルフケアの促進**：教職員が自分自身のストレスに気づき、対処できるように知識や方法を研修し、ストレスチェックなどを活用することでメンタル面に不安を感じたときには積極的に精神科医や産業医に相談するように意識を向上させる。教職員の家族が不調に気づくことが

あるので、家族にも一定の対応や知識について説明し、適切な対応が取れるようにする。
2） **ラインによるケアの充実**：校長等による日常の状況把握を強化し、初期対応が遅れないように留意し、研修等でカウンセリングマインドやコミュニケーション力を向上させると共に、主幹教諭や主任を配置し、校務の担当を同じくする小集団のケアを行う。また、保護者等の対応についても校長や教育委員会がサポートすることで支援を行う。
3） **業務の縮減・効率化**：教育委員会や校長のリーダーシップの下、不要不急の業務や重複した業務を積極的に縮減し、教職員の負担を軽減する。
4） **相談体制の充実**：教職員が相談できるチャンネルの確保、コミュニケーションの維持による問題の早期発見と解決へのサポート。
5） **良好な職場環境や雰囲気の醸成**：産業医、精神科医の活用による労働安全衛生管理体制の充実、衛生管理者の選任や衛生委員会の設置。相談しやすい雰囲気の醸成。職場内の円滑なコミュニケーションの維持。

3　病気休暇取得以後

　病気休暇承認または休職発令時には校長は本人の病状を踏まえつつ、本人の健康状態や今後の見込みを確認するため、定期的に連絡を取る予定であること、主治医や家族とも連携したいことを伝え、あらかじめ本人の承諾を得ておく。また、復職支援策についてもあらかじめ説明しておくことが望ましい。

　長期間の支援が必要であるという認識を持つ。

　本人が治療に専念できるように代替措置も含めた校内体制の整備を行う。

第3部　教育制度・教育相談その他

4　復職プログラムの実施前における対応

　本人や主治医とのコミュニケーションにより、病状の回復が認められるときには回復状況を適切に把握する必要がある。

　復職プログラム実施前に医療機関や保健センター等で実施されているリワークプログラムやデイケア、公共施設等におけるリハビリ等の活用により復職プログラムが実施できるか判断することも有効である。

　復職希望がなされた場合には本人や家族に復職プログラムに関する制度について十分に説明した上で、本人が理解した上でのプログラム実施に関わる本人の希望の有無を確認する必要がある。主治医等の意見も勘案して復職プログラムが実施できるか最終決定する。

5　復職プログラムの実施と復職にむけて

　注意深く設計された復職プログラムを実施する。プログラムの各段階で観察しながら次第に業務量を増加させてゆく。最終目標は教員の場合、授業を実施、完了させられるかどうかということになる。授業は休職中であるため公務ではないことを考慮し、児童生徒への影響、いざというときのバックアップ体制を慎重に考慮しなければならない。

　復職プログラムの終了後は主治医の意見や本人の回復の程度など、様々な状況を勘案して復職可能であるか判断する。

　復職可能であると判断された場合には休職のブランクや疲労の蓄積により症状が再発することを考慮して業務量を軽減した上で復職することになる。復職は原則として繁忙期を避け、元の職場に復帰させる。

　職場復帰後もよく本人と話し合いながら、勤務軽減の解除を行い、仕事量を元に戻してゆく。

参考文献

文部科学省「平成28年度公立学校教職員の人事行政状況調査について」2017（http://www.mext.go.jp/a_menu/shotou/jinji/1399577.htm）

教職員のメンタルヘルス対策検討会議「教職員のメンタルヘルス対策について（最終まとめ）」2013（http://www.mext.go.jp/component/b_menu/shingi/toushin/__icsFiles/afieldfile/2013/03/29/1332655_03.pdf）

著者　藤岡　弘季（ふじおか　ひろき）

著者略歴
大阪府生まれ
平成7年大阪市立大学医学部卒業
平成14年大阪市立大学大学院医学研究科修了（医学博士）
先天性代謝疾患、小児神経疾患等小児疾患の診療に携わる。
大阪市保健所保健副主幹、大阪市立十三市民病院小児科副部長を経て
現在、関西福祉科学大学健康福祉学部健康科学科教授。

カバー・表紙・扉デザイン／
松田晴夫（クリエイティブ・コンセプト）

学校精神保健の基礎

2018年3月31日　初版　第1刷発行
2018年8月31日　　　　第2刷発行

著　者　藤　岡　弘　季
発行者　蒔　田　司　郎
発行所　清　風　堂　書　店
〒530-0057　大阪市北区曽根崎2-11-16
TEL　06（6313）1390
FAX　06（6314）1600
振替　00920-6-119910

制作編集担当・長谷川桃子

印刷・㈱関西共同印刷所／製本・立花製本
©Hiroki Fujioka 2018, Printed in Japan
ISBN978-4-88313-875-3 C3037